小学生和家长一起看的 56 部电影

王志刚 主编

山东文艺出版社

图书在版编目（CIP）数据

小学生和家长一起看的 56 部电影 / 王志刚主编.
-- 济南：山东文艺出版社，2024.2
ISBN 978-7-5329-7075-9

Ⅰ．①小…　Ⅱ．①王…　Ⅲ．①艺术－小学－教学参考资料　Ⅳ．① G624.703

中国国家版本馆 CIP 数据核字（2024）第 004866 号

小学生和家长一起看的 56 部电影
XIAOXUESHENG HE JIAZHANG YIQI KAN DE 56 BU DIANYING
王志刚　主编

主管单位　山东出版传媒股份有限公司
出版发行　山东文艺出版社
社　　址　山东省济南市英雄山路 189 号
邮　　编　250002
网　　址　www.sdwypress.com

读者服务　0531-82098776（总编室）
　　　　　0531-82098775（市场营销部）
电子邮箱　sdwy@sdpress.com.cn

印　　刷　济南龙玺印刷有限公司
开　　本　710 毫米 ×1000 毫米　1/16
印　　张　13.5
字　　数　210 千
版　　次　2024 年 2 月第 1 版
印　　次　2024 年 2 月第 1 次印刷
书　　号　ISBN 978-7-5329-7075-9
定　　价　59.00 元

版权专有，侵权必究。如有图书质量问题，请与出版社联系调换。

编委会

主　　编　　　王志刚
副 主 编　　　付光辉　卢向国　丁乃岭　张云萧
参编人员　　　王书荣　刘　聪　毕芳芳　袁训强
　　　　　　　王　宁　高　兵　郑晓燕

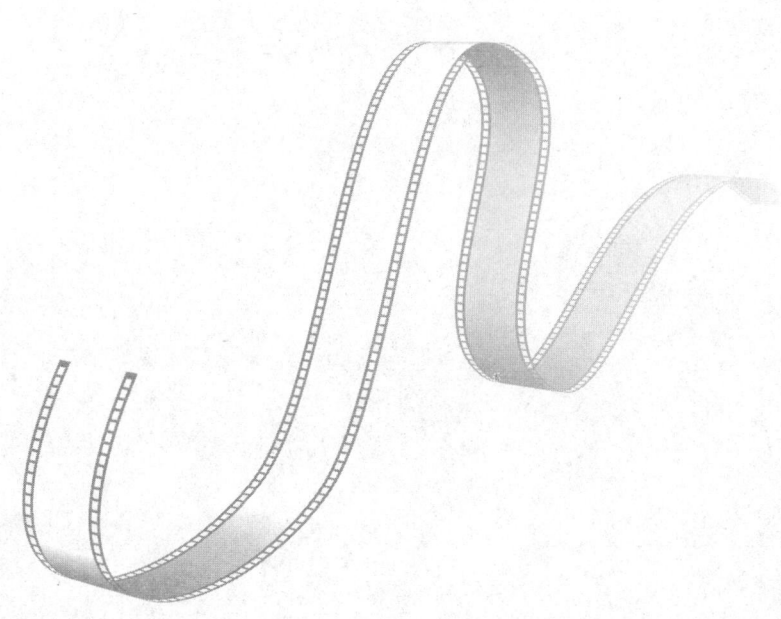

关于电影，我是这么看的

我想，我们之所以需要电影，大概是因为电影总能在不经意间温暖我们的心灵，引发我们的思考，照亮前方，给我们继续前行的力量。也许有人会说读书、听音乐和看画展同样能够得到类似的感触，但就艺术的丰富性而言，电影可以说是艺术的综合体，它以文学为基础，融入音乐，用画面阐释人生。多样的艺术形式融合在一起，降低了艺术欣赏的门槛，丰富了人们的内心感受，更方便人们欣赏。很多人可能一生没看过一次画展，没听过一场音乐会，甚至没有完整地看完一本小说，但很少有人一辈子没看过一部电影。

正所谓：一部电影，一种人生。一部好的电影，或者闪耀着人性的光辉，让你感动；或者提出尖锐的问题，让你思考；又或者呈现至美的胜境，让你心向往之。如此种种，电影有一种不可思议的魔力，在同一人生阶段上，带你去体验不同的人生，其间，也会和你的情感世界同频共振，让你或感动，或兴奋，或悲伤，或深思……

关于文化传承，许多动画电影完美展现了中国传统文化的精髓，如《牧笛》《山水情》等。电影《牧笛》几乎每一个镜头都是一首诗，可谓画中有诗、诗在画中；《山水情》更是无法超越的经典佳作，从山水古琴、名师高徒等情节中传递出的飘逸高雅，深深刻进观众心里，成为永恒的记忆。

因为热爱，电影《摇滚藏獒》中的波弟离开温暖的家园，孤身一人前往陌生的城市去追逐摇滚梦想，无惧各种打击，最终成为一名摇滚歌手。同样因为热爱，电影《叫我第一名》中，从小患有妥瑞氏症的布莱德大学毕业后，经历了25所小学的面试，才终于获得一个在山景小学任教的机会，通过自己的努力被评为"年度优秀新教师"。在人的一生中，最重要的就是找到自己真正喜欢做的事。只有热爱，才会让人持久努力，人生才会光辉灿烂。

关于敬畏自然，《可可西里》《家园》《海豚湾》等讲述动物、自然的电影则会引发我们更多的思考，虽然在数万年的进化过程中，我们拥有了左右自然界中一些生物命运的能力，但这应该仅仅是一种能力，而绝不是权力。正如叔本华所说："对于一切有生命之物的同情是对品行端正的最牢固和最可靠的保证。"一个人只有满怀同情，才能够宽容地对待他人，关爱自然，而他的行动也会带有公正和博爱的印记。

当然，电影是生活的反映，人们在生活中不可避免会经历沮丧、悲伤、愤怒和迷茫，《我的九月》《一个都不能少》等电影中的人物也带给了我们这些情感体验。《头脑特工队》则讲述了小女孩莱莉的成长故事，面对突然搬家带来的种种不适应，她艰难地应对，最后在家人和朋友的支持下，逐步融入新的环境，慢慢成长，从容地面对生活。

观影过程中，我们也会从一些电影主人公的身上汲取克服困难的精神力量，让我们的负面情绪能够得到释放，积极面对现实。当你意志消沉、心烦郁闷、不知所措的时候，不妨看看《哪吒之魔童降世》《摔跤吧！爸爸》这样的电影，纵然承受天大的委屈，哪吒依然坚信"我命由我不由天"，纵身一跃直面天雷救下陈塘关。当你偶尔感到无法直面人生的时候，还可以想想《狮子王》中辛巴的成长，"既然无法改变过去，那就为未来做好准备"。

观影激发思考，交流丰富人生。因为看过更多人的苦乐年华，爱看电影的人，注定有不一样的人生！当你和家人一起看过这些电影，并和老师、同学们一起交流看过电影带来的思考以后，你定会大有收获，套用作家张爱玲的一句话，"你的气质里藏着你走过的路、读过的书以及你爱过的人和看过的电影"。为了行文清楚、简练，文中没有照录原台词，请各位读者见谅。

几杯热饮，一碟水果，一部电影，凑成了一家人的周末好时光。

现在，关掉手机，打开电视，和家人一起享受一次电影之旅吧。

王志刚

2023年3月1日

目 录

上 篇

1	蚂蚁和大象
5	另一只鞋子
7	好猫咪咪
11	大花和小花
15	小明星
19	鹬
22	"没头脑"和"不高兴"
26	淘气的金丝猴
30	小熊猫学木匠
33	雪孩子
36	刺猬背西瓜
39	骄傲的将军
42	小钉子
45	大扫除
48	远在天边
52	三个和尚
55	小狐狸
58	抬 驴
61	棋逢对手
63	九色鹿
66	我和我的父辈之《乘风》

中 篇

70	背起爸爸上学
73	奇迹男孩
76	一个都不能少
80	雷　锋
84	疯狂原始人
87	小兵张嘎
91	红河谷
94	亲爱的
98	忠犬八公的故事
102	可可西里
106	料理鼠王
111	摇滚藏獒
116	小鞋子
120	牧　笛
123	导盲犬小Q
126	海底总动员
130	我和我的父辈之《诗》

下 篇

- 134 我的九月
- 138 我和我的祖国之一
- 143 山水情
- 146 摔跤吧！爸爸
- 149 可爱的你
- 153 放牛班的春天
- 157 面对生命
- 160 海豚湾
- 163 哪吒之魔童降世
- 169 奇迹的缔造者
- 173 法官妈妈
- 176 狮子王
- 180 首席执行官
- 184 离开雷锋的日子
- 188 叫我第一名
- 191 我的1919
- 194 头脑特工队
- 199 我和我的祖国之二

- 204 后记

蚂蚁和大象

——相互帮助让世界更美好

电影放映厅

小蚂蚁虽然身单力薄，但他十分勤劳，乐于助人，活泼可爱。

清晨，小蚂蚁礼貌地向太阳公公问好，蹦蹦跳跳地来到河边，在一片叶子上玩耍，忽然一不小心滑到了河里。他奋力挣扎，好不容易爬到一根树枝上，可是却无法回到岸上，小蚂蚁急得团团转。这时乌龟爬过来了，小蚂蚁恭敬地向他求救："乌龟先生，请把我驮上岸好吗？"乌龟会游泳，救出小蚂蚁没问题。可是乌龟却说："我可不想下水，如果大家都要我帮助的话，我连休息的时间都没有了。"拒绝帮助别人的乌龟没走多远，踩到一块圆滑的鹅卵石，一下子摔了个仰八叉——他怎么也翻不过身来了。后来，犀鸟、长颈鹿、狮子、犀牛也都拒绝帮助别人，先后陷入困境之中。时间慢慢过去，大家仍然无法脱离困境。就在这时，大象来了，小蚂蚁急忙向大象求救："大象先生，请你把我拖上岸好吗？"大象丝毫没有犹豫，他先把小蚂蚁吸入鼻孔，然后把小蚂蚁放到地上。小蚂蚁十分感激大象，他对大象说："什么时候需要帮助，请叫一声。"因为他明白：谁都会碰到困难，谁都需要别人的帮助，大家应该互相帮助。大象虽然感谢蚂蚁的好意，却根本不相信蚂蚁还能帮自己。

后来，大象不小心掉进大坑里，无论他怎么用力都爬不上来。天黑了，大象还没有爬出大坑，他一次次发出求救的呼声，曾经得到大象帮助的乌龟、犀鸟等听到大象的呼救声，都找借口不去帮忙，只有小蚂蚁立即表示："我来想办法。"他不顾乌龟、狮子等的冷嘲热讽，克服重重困难，召集来一大群蚂蚁。一只蚂蚁虽然渺小，但许多蚂蚁能汇聚起强大的力量，他们连夜行动，终于在天亮时从大坑边上掘开一条通道。大象吃惊地望着这条通道，小蚂蚁自豪地告诉他："这是我和小伙伴们一起干的。"大象由衷地向蚂蚁家族和小蚂蚁表示感谢，小蚂蚁谦虚地表示："不用谢，谁都会碰到困难的，互相帮助是应该的。"这时大象才真正了解蚂蚁所说的道理。小蚂蚁的行动表明，向人求助并不丢人，在力所能及的情况下帮助别人也是应该的。即使力量再强大也会碰到困难，也需要别人的帮助，有些困难需要集体的力量才能得到解决。

　　大象不仅力量大，而且心地善良，乐于助人。在小蚂蚁、乌龟等遇到困难的时候，他用自己灵巧有力的鼻子帮助了他们：他将小蚂蚁吸入鼻孔，再放到地上；他用鼻子吸住犀鸟蛋把它送回了鸟窝，小犀鸟刚好破壳而出；帮乌龟翻过身来；吹开了缠在长颈鹿腿上的藤条；用脚推开了压在狮子尾巴上的大石头；用鼻子卷住犀牛的尾巴用力一拉就把犀牛从树上拉了出来，犀牛问大象要多少报酬，大象表示："这算不了什么，我有的是力气。"

　　大象热心助人，不要任何报酬。他认为自己力大无穷，帮助别人是应该的。但大象认为只有强者帮助弱者，弱者不可能帮助强者，自己根本不需要别人帮助。他说："你们都会碰到困难，都会需要别人的帮助，只有我力大无穷，不需要别人的帮助。"大象的话语中透着骄傲自大的心理。他还得意扬扬地念道："我大象，鼻子长、四肢粗、力气大，蚂蚁、乌龟、母犀鸟，狮子、犀牛、长颈鹿，哈哈哈哈，都要我帮助！"大象趾高气扬地向前走，没留神地上有个大坑，不小心掉了下去。那坑又大又深，他身子太重，前腿虽能露出地面，但挣扎半天还是爬不出来。这时，他终于明白了自己也需要别人的帮助，发出了"谁来帮助我"的求救声。看似弱小的蚂蚁竟组织起十万之众，渺小的个体汇聚成强大的集体，救了大象。大象终于明白，即使再强壮的人，也会遇到自己无法摆脱的困难，需要别人的帮助。

当小蚂蚁被困河里的时候,请求乌龟将他托上来,却遭到乌龟断然拒绝。犀鸟对乌龟请她帮助翻身的请求,先是欣然答应:"可以,可以,当然可以。"但她语气一转,"不过,我不想帮,这可以教给你以后不要这样蠢!"长颈鹿对犀鸟提出的站到她头上将蛋送回树上的请求,也进行了无情地嘲笑:"哼!你这么脏的脚,站在我的头上,合适吗?"说着转身走了。狮子对长颈鹿请他帮忙拉掉缠住她腿的藤萝,哈哈大笑,扔下一句"你等着吧"扬长而去。犀牛对狮子的求助则要求付报酬,还说"不给报酬?我可不想白做"。他们全都拒绝了别人的求助,不仅如此,还讽刺和羞辱求助者,甚至乘人之危,不给报酬就不给予帮助,反映了他们非常自私的心理。有趣的是,这些拒绝帮助别人的人,很快自己也陷入困境。但当他们自己遇到困难的时候,他们首先想到的是请求别人的帮助,这时他们的语气委婉而有礼貌。乌龟在求助时说:"犀鸟太太,请你帮我翻个身好吗?"语气谦和,不再冷漠无情。犀鸟太太在求助时说:"长颈鹿小姐,让我含着蛋站到你头上,回到树上去,好吗?"语气十分温和,也没有了那份尖酸刻薄。长颈鹿小姐虽然因藤萝缠住腿十分烦恼,求助时仍用尊称:"狮子大哥,帮我把这该死的藤萝拉掉吧!"只有狮子在求助时使用了命令语气:"犀牛,别走!把这块石头推开!"这大概与狮子的大王身份有关吧。

　　大象积极地帮助他们摆脱了困境,而当大象陷入困境时,他们却知恩不报,以种种理由拒绝帮助大象。听到大象的呼救声,乌龟将头缩进乌龟壳里装作没听见。小犀鸟听见有人在叫,犀鸟太太让她少管闲事。狮子却幸灾乐祸:"哈哈,大象也会碰到困难?"长颈鹿小姐则说:"我可没有这么大的力气。"而犀牛依然坚持:"没有报酬,我可不干。"没有人去想当初大象是怎样无私帮助他们的,全都表现出冷漠自私的态度。只有蚂蚁听到呼救声,立即表示:"大象在叫,我来想办法。"对小蚂蚁自告奋勇救助大象的行为,他们不仅不支持,反而冷嘲热讽。乌龟说:"你还要我帮助呢!"犀鸟太太认为小蚂蚁是"多管闲事"。长颈鹿认为小蚂蚁在说大话。连自己也无法办到的事,一个小小的蚂蚁竟然也要逞能,因此犀牛说:"给你报酬,你也帮不了。"而狮子对蚂蚁要帮大象感到十分可笑："小蚂蚁帮大象？哈哈哈！"在狮子看来，这是十分不可思议的事。那些自己曾经得到过帮助也不愿伸手相助，甚至进行讽刺挖苦的行为，是非常自私的表现，应当受到批评。

亲子时光

家长
学生

课上交流

1. 生活中你遇到过困难吗？别人帮过你吗？在别人遇到困难时，你帮过他吗？

2. 说说你见到过的弱者帮助强者的事，比如你帮助爸爸妈妈做了哪些事。

另一只鞋子

——助人为乐，成人之美

电影放映厅

2014 年，埃及电影短片《另一只鞋子》上映，温馨的剧情感动了无数观影者。

在人声嘈杂的火车站，一个小男孩的拖鞋带子断了，他捡起鞋跐着脚来到墙边坐下。看着手里破破烂烂的拖鞋，小男孩想方设法要修好它，无奈鞋子太烂了，怎么都修不好。

正在小男孩失望之际，忽然眼前闪过一双乌黑干净的皮鞋。一个穿着体面的男孩跟着爸爸急急忙忙走过去，坐在街边的长椅上等火车。等火车的时候，男孩还用洁白的纸巾擦了擦自己干净的黑皮鞋。

看着男孩脚上那双黑亮的皮鞋，再看看自己的脚，小男孩想，自己要是能有这样一双鞋就好了。

火车铃声急促地响起来，等车的人们都急急忙忙跑过去，挤在火车门口，但是男孩和爸爸被众人挤散了。男孩脚上的一只鞋子被别人踩了下来，因为急着上火车，男孩不敢弯腰去捡自己的鞋。好不容易挤上火车，火车已慢慢启动，男孩只能焦急地看着那只鞋离自己越来越远。

光脚的小男孩看到地上的鞋子，赶紧跑过去捡起，盯着这只新皮鞋，他没有犹豫，拿着鞋开始追赶火车，希望能把鞋子送回男孩的手里。

虽然火车刚开始启动，走得不快，但小男孩用尽全力也没追上，他奋力把皮鞋扔给火车上的男孩，但鞋子碰到火车车厢，又反弹回铁路站台。

看着自己那只掉到地上的皮鞋，火车上的小男孩有些失落地扶着车厢门，忽然想到了什么，麻利地脱下自己脚上的那只鞋，扔向跑得气喘吁吁的小男孩。

火车走远了，车上的男孩和他的父亲一起朝站台上的小男孩挥着手。

影片中，两个互不相识的小男孩用他们的善良和相互成全感动了世界。光脚小男孩的助人为乐和火车上富裕男孩的成人之美告诉我们，善良是一个人高贵的品质，无关穷富，再小的善良，也能温暖世界。

亲子时光

家长	
学生	

 课上交流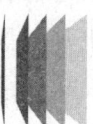

1. 捡到鞋子的那一刻，光脚小男孩会怎么想？
2. 成人之美需要宽广的胸怀和与人为善的心态，说说你是如何理解富裕男孩的做法的。

好猫咪咪

——天赋过人，也要勤学苦练

电影放映厅

国产动画片《好猫咪咪》讲述了一个猫捉老鼠的故事。咪咪是一只爱睡懒觉的猫，他从来不练本领，认为只要有爪子就能捉到老鼠，结果被老鼠戏弄了一番。从此，咪咪认识到不练功是捉不到老鼠的。他改变了懒惰的习惯，每天早早起来练功，向小白猫、兔子等学习各种基本功，终于练成过硬的捕鼠本领。在一个夜深人静的晚上，咪咪机智勇敢地把四只老鼠一网打尽——

天蒙蒙亮，大家都忙着起来练功，小白猫让咪咪也来练，咪咪却不以为意，还趴在窝里睡懒觉。燕子来喊咪咪去练功，批评他说："咪咪，你真懒，你看人家小白，早就练上了。"这时小白猫在练抛球，锻炼自己的反应能力。咪咪打着呵欠，睡眼蒙眬地说："有啥好练的。"鸡妈妈告诉小鸡："孩子们，不练本领是啥也捉不到的。"咪咪不服气地举起自己的爪子说："我有爪子，还怕抓不到老鼠？"咪咪认为只要有爪子，就一定能捉到老鼠。但实际上仅有爪子是远远不够的。

墙角处有一窝老鼠。这天，三只小老鼠发现桌子上有一碗米饭，两只老鼠迫不及待地跳到桌子上，忽然他俩发现炕上有一只可怕的猫，那是咪咪。一看到咪咪，他们吓得浑身发抖，一溜烟跑回洞里报信。老奸巨猾的大老鼠独眼龙可不愿轻易逃走，决定先带小老鼠探听情况，他听到燕子、小白猫、小鸡和咪咪的谈话，看到咪咪不练功，便断定咪咪是只没有功夫的懒猫，便大摇大摆地招呼三只小老鼠随他来，只见独眼龙跳到咪咪的眼前，一只脚踩住咪咪的头，耀武扬威地做出不可一世的姿势给小老鼠看。而咪咪仍然沉沉地睡着，一动也不动。独眼龙更胆大了，他拽起咪咪的尾巴，使劲地摇晃起来。咪咪蜷起尾巴，依然大睡。看到咪咪这副贪睡的样子，独眼龙更猖狂了，他伸出自己的尾巴去挠咪咪的鼻子。咪咪忍不住打了个喷嚏，他睡意蒙眬地用爪子蹭了蹭脸，然后倒头接着睡。至此，大老鼠对咪咪一点畏惧感都没有了，只见他捋捋袖子，跳到咪咪眼前，挽住咪咪的一根胡子，猛地用力把咪咪的胡子拽了下来。这下可把咪咪拽疼了，他从睡梦中醒来，愤怒地大声叫着，可独眼龙却毫无畏惧，竟把这根胡子吹到了咪咪眼前。老鼠肆无忌惮地挑衅，咪咪再也无法忍受了，朝着站在炕沿上的三只小老鼠扑过去，结果老鼠没扑住，自己却摔了个大跟头，直摔得眼冒金星。但咪咪不相信自己捉不到老鼠，他奋力跳到炕上，去抓大老鼠，可是任凭他怎么吼叫，怎么扑打，也没能扑住老鼠。老鼠没逮住，反被独眼龙骑在身上戏弄，最后竟被独眼龙用电灯开关的绳子给拴住了，任凭他怎样挣扎都无法挣脱，眼睁睁地看着四只老鼠把主人的一大碗米饭给糟蹋了，还把他睡觉的被褥也一股脑地收走了，他无可奈何，只能发出悲哀、无奈的叫声。咪咪惭愧地低下头，流下了悔恨的眼泪，他终于明白，没有真本领，在与老鼠的争斗中是要吃大亏的。

  咪咪改掉了睡懒觉的习惯，决心刻苦练习捉老鼠的真功夫。咪咪早早起床跟着小白练基本功，练得可认真了。为了更好地学习捉老鼠的本领，他还四处拜师学艺。他跟着松鼠学爬树，在粗大的树干上螺旋爬行，练得灵活敏捷，爪子的功夫也越来越高。他跟着兔子学跳跃，跳得又高又远。他跟老虎学扑食，像猛虎一样，箭一般扑过去，稳稳地把猎物捉住。他跟狮子学吼叫，运足底气，大吼一声，巨大的威力连树叶都被震落下来。春去秋来，咪咪终于练就了过硬的本领。

  又一个安静的夜晚，院子里静悄悄的，咪咪蹲在窝里瞪着一双明亮的大眼睛，警惕地向四周张望。这时洞里的独眼龙正在梦中表演勇捉咪咪的戏呢，忽然，三只小老鼠报告房间里有一只猫！独眼龙仍旧要先探明情况再作打算。咪咪听见老鼠的动静，他机警地趴下，假装睡觉。独眼龙一看还是那只懒猫，他要继续上演戏弄懒猫的好戏，三只小老鼠这次也要亲自戏弄这只懒猫。三只小老鼠边走边叫："老鼠怕猫，这是谣传，一只小猫，有啥可怕，壮起鼠胆，把猫打翻，千古偏见，一定推翻。"在独眼龙的鼓励下，一只小老鼠凑到了咪咪眼前，咪咪大吼一声，一掌拍死了一只小老鼠，另外两只小老鼠吓得昏了过去，从炕上摔到地上。独眼龙见情况不妙，忙赶来救助小老鼠，咪咪又一掌拍住了独眼龙的尾巴，独眼龙挣断尾巴，拖起两只吓昏的小老鼠慌忙逃跑。咪咪非常机灵，他用石块把洞口堵起来，截断了老鼠的退路。独眼龙先是带着两只小老鼠藏在搓板背面，被咪咪发现后，就拼命地逃跑，老鼠被追得无处躲藏，后来两只小老鼠躲到自行车后轮的辐条中，咪咪灵机一动，飞快地转起了车轮，两只小老鼠抓着车轮旋转无法脱身。这时独眼龙企图开门逃出去，咪咪一下扑过去，把独眼龙摔到墙根，独眼龙爬起来又跑，忽然他发现墙边放着一盘水管，独眼龙一下钻进水管里。咪咪运足气力用力往水管子里吹气，强大的气流把老鼠从水管里拱出，一下子把他抛到房梁上。咪咪顺着柱子迅速爬到房梁上，跳到老鼠前面，独眼龙无路可逃，只好顺着电线溜到电灯罩上，然后再滑到灯罩下面的灯泡上，紧紧地抱着灯泡不撒手。这个地方咪咪的确够不着，咪咪仔细观察，飞快地从房梁上下来，拉开了电源开关，灯泡亮了，也渐渐热起来。趁着这个间隙，咪咪对正在快速旋转的自行车车轮来了个急刹车，两只晕头转向的小老鼠从车轮上掉下来，被咪咪牢牢抓住。这时越来越热的灯泡把大老鼠烤得冒了烟，一松手掉了下来，咪咪腾空一跃，稳稳地接住了大老鼠。望着手中的三只老鼠，咪咪舔舔嘴，甜甜地叫了一声"喵——呜"，那声音透着胜利的喜悦。

咪咪以他过硬的功夫，机智勇敢地捉住了老鼠，主人回来后，奖励他一串小鱼。爱迪生说，天才就是百分之一的灵感加上百分之九十九的汗水，有过人的天赋还要勤学苦练，才能做出卓越的成就。

亲子时光

家长
学生

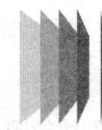 课上交流

1. 电影开始咪咪为什么不练功？
2. 是什么原因促使咪咪刻苦练功了？

大花和小花

——团结力量大

电影放映厅

小动物们正在捉迷藏，突然，小猴敲响报警的锣声，大声呼喊："大灰狼来了！大灰狼过河了！"听到警报，小猪、小鹿、小兔等赶紧藏起来。有一只小白兔还在采蘑菇，她看见狐狸与大灰狼，扔下篮子拔腿就跑，小白兔跑到小鹿和小猪家门口，他们都不敢给小白兔开门。小白兔急忙跑到花狗家，花狗兄弟听到喊声急忙出来迎接小白兔，面对追来的狐狸与大灰狼，大花、小花毫无惧色，狡猾的狐狸知道他们斗不过大小花兄弟俩，假装谦和地说："别误会，别误会，我们和小白兔捉迷藏呢。"狐狸和大灰狼灰溜溜地逃走了。在狐狸与大灰狼即将抓住小白兔的危急时刻，大小花兄弟挺身而出，毫不畏惧地顶住了大灰狼的威胁和逼迫，赶走了狡猾凶狠的狐狸和大灰狼，充分表现了自己刚强勇敢、富有正义感的性格和高强的本领。

大家都称赞大小花兄弟"真了不起"。大花十分高兴，有些飘飘然，这时大花滋生了骄傲心理。他把这次赶走狐狸和大灰狼的胜利归功于自己，对众人夸口说："只要有我在，你们绝对安全。"大花在话语中强调了"我"，而不是"我们"，大花的言行为故事的发展埋下伏笔。

狡猾的狐狸知道自己打不过大小花兄弟，便设计出一个离间他们的奸诈计谋。第二天，狐狸与大灰狼来到河边喊叫："我要和本领最大的小花比武。"狐狸奸笑着告诉大花："大伙儿都说小花本领最大。"大花很生气,强烈的虚荣心使他转身就走。小花喊他也不听,小花只好自己跳过独木桥与大灰狼搏斗起来,大灰狼假装打败逃走,大家欢呼着称赞小花"真了不起,太棒了"。大花正蹲在大树下生闷气,就在小动物们欢呼着从这里经过时,狐狸先模仿小鹿的声音说："小花哥哥真勇敢,大花哥哥没有用。"然后又模仿小猪,声音粗重地说道："小花哥哥本领大,大花哥哥就会吹牛。"大花听了十分恼火,他质问小猪："刚才是你在骂我吗?"就在这时,狐狸在树后模仿小猴的说话声："大花哥哥是饭桶。"大花怒火中烧,他立即转身质问小猴,吓得小猴慌忙爬到树上,强烈的骄傲心理和虚荣心使大花无法忍受这种奚落,他愤恨地对大家说："你们才是饭桶,以后大灰狼来了,别再来找我,哼!"然后转身走了。大花对于听到的各种传言,不辨真假,深信不疑,缺乏冷静分析的头脑,上了狐狸的当。

狐狸见离间大小花兄弟的阴谋得逞了,躲在树后高兴地发出"嘿嘿"的奸笑声。第二天狐狸和大灰狼悄悄地潜入小动物们的居住区,狐狸冷不防抓住了正在报晓的公鸡,大灰狼一把揪出了还在睡觉的小白兔,小猴急忙敲锣报警,小鹿、小松鼠等跑来找花狗兄弟,说"大灰狼来了",大花没有理会,拉过被子蒙上头,小花对大花说："我先去了,待会儿你可要来呀。"说完便去追狐狸与大灰狼,危急时刻大花还在赌气："哼,你有本事,你去好了。"拒绝支援小花,大花的狭隘心理使狐狸的阴谋又一次得逞。

小花和小猴、小鹿等追到河边,发现了抓着公鸡与小兔的狐狸和大灰狼,小花冲过独木桥,狐狸和大灰狼为了消耗小花的体力,引诱小花往森林深处跑。狐狸假装崴了脚走不动,小花扑上去和她搏斗时她又装死,当小花去追大灰狼时,大灰狼藏起来,狐狸又从背后喊,当小花转身去追狐狸时,大灰狼又在背后喊,如此往复,小花疲于奔命,被狐狸和大灰狼抓住了。如果大花一起来,就不会这样了。狐狸和大灰狼仍然不满足,他们还要逮住大花一起吃肉呢。

因为抓住了小花,大灰狼把小白兔扔了出来。小白兔一口气跑到家,向大家报告小花被大灰狼抓走的消息,大家赶紧将这个消息告诉大花,大花还在赌气:"他不是最有本事吗,怎么会被抓走呢?"小猴责备大花:"大花哥哥,都怪你刚才不去,小花被老狼抓走了。"大花仍然坚持己见:"你们不是说小花是英雄,我是个饭桶吗?"小猴、小猪都说没有说过,这时林蛙过来告诉大家:"都是狐狸学着别人的声音说的,是我亲眼看见的,你看,她还踩了我一脚呢。"大家一下子明白过来,原来是狐狸模仿别人的声音离间了大小花兄弟,狐狸把大家都给骗了。大花恍然大悟,明白自己被狐狸利用了,破坏了兄弟情谊,大花十分后悔,他责怪自己:"真糊涂啊!"他决心要把小花救出来。

趁着夜色,大花和小猴悄悄走过独木桥,来到大灰狼家。狐狸和大灰狼正在商量烧火煮小花吃肉呢。小猴向烟囱灌水,浇灭了灶里的火,呛得大灰狼直咳嗽。大灰狼只好暂时不煮小花,在狐狸和大灰狼睡觉之后,大花乔装鸭子的叫声,狐狸听到叫声连忙起床,她要逮只鸭子吃。当她寻声而至时,被大花和小猴事先拴好的绳子绊倒,他俩立即把狐狸捆起来,押着狐狸找到关押小花的树洞。大花砸开锁把小花救了出来,兄弟俩情不自禁地拥抱在一起,狐狸被关进了牢房。

大灰狼一觉醒来不见狐狸,疑心狐狸独吞小花,急忙冲进树洞,扑上去把"小花"(实际上是狐狸)咬死,把狐狸吃了,但狐狸肉的臊味却让大灰狼直呼难吃。正当大灰狼走出树洞时,早已守候在这里的大花和小花立即抛出绳套,套住了大灰狼的脖子。大灰狼一下惊呆了,他不明白大花和小花是从哪里冒出来的,小花不是刚被他吃了吗?这时小猴从洞里拿出大灰狼吃剩的狐狸尾巴,说:"这才是你的朋友呢。"大灰狼这才明白,自己刚才吃的是狐狸,狐狸和大灰狼以害人开始,以害己告终。

在与狐狸和大灰狼的矛盾冲突中,大花从错误中接受教训,学会动脑筋思考。他和小猴一起救出小花,利用大灰狼消灭狐狸,机智勇敢地战胜了大灰狼,这个事件使大花变得沉着机智,有勇有谋。

亲子时光

家长
学生

 课上交流

1. 狐狸是怎样挑拨大小花兄弟之间的关系的?
2. 小花是如何被救出的?

小明星

——梅花香自苦寒来

电影放映厅

森林王国举办了一个杂技训练班,由山羊公公担任教练,参加训练班的小朋友每天早早起床到训练场刻苦练功,只有小熊吉吉在家里睡懒觉。看见妈妈买回许多好吃的,吉吉一骨碌爬起来,接过妈妈递给他的西瓜,迫不及待地摔开就吃,眨眼的工夫,一个西瓜就吃完了。看见篮子里有那么多色彩缤纷的东西,吉吉抓起一样就吃起来,仔细一看却是肥皂,咳!真是个又懒又馋、又粗心的孩子。

妈妈让吉吉赶快去练功,这时爸爸进来告诉吉吉练功已经结束,白猴大叔正给小朋友拍照呢。听说照相,吉吉赶紧跑到训练场,小猴拍的是单杠大回环,小羊拍的是跳圈,小虎拍的是颠球,刚要给小兔拍抛接圆环的动作,吉吉把小兔赶走,要白猴大叔先给他拍照。白猴大叔问他会表演什么,吉吉却想不出。小朋友们都嘲笑他,说他会爬、会吃、会睡,是个又懒又馋的笨狗熊。白猴大叔拒绝给他拍照,吉吉很难过,他不知道大伙为什么不喜欢他,叫他笨狗熊。看到小朋友们的照片登在了《森林画报》上,吉吉说着"有什么了不起的",其实心里很难过,还嫉妒。

爸爸责问吉吉为什么不去练功,吉吉没好气地说:"我不练了!"他把没能拍照的怒气都发泄到父母身上,"你们为什么不是梅花鹿,不是老虎,你们为什么是笨狗熊?"吉吉把自己没练好功夫的原因都归结到父母身上，恼怒的爸爸一气之下打了吉吉，吉吉的哭声传到了教练山羊公公那里。正当妈妈安慰吉吉的时候，山羊公公拿来一本画报，耐心地开导吉吉："长得是有点像，可人家是杂技团的明星，得好好向他学。"吉吉捧着画报，望着画报上的熊猫，心想：我要是熊猫该多好啊！山羊教练要吉吉"向他学"，可怎么向熊猫学呢？吉吉认为只要像熊猫就可以了。怎样才能像熊猫呢，吉吉想了很多办法。他先用水洗，想把自己身上的黑毛洗成熊猫那样的白毛；然后又全身沾满白色的肥皂泡沫，他扫去耳朵、眼睛和四肢上的泡沫，还真的非常像熊猫。突然一阵大风把吉吉身上的泡沫全吹走了，吉吉又恢复了原样，他只好垂头丧气地往回走。忽然，他看见爸爸妈妈在给大树抹石灰水，他立即回家用刷子往自己身上刷石灰水，看到自己成功化装后的形象，吉吉情不自禁地说道："我现在是漂亮的熊猫了！"他不禁笑起来，这时松鼠发现了吉吉的新形象，惊讶地喊起来："大家快来看哪，杂技团的熊猫来啦！"吉吉的计划终于成功了。

在小朋友们的簇拥下，吉吉和大家一起来到杂技训练场。小朋友们看到自己心目中的明星，十分高兴，纷纷拿出最爱吃的水果送给他，白猴大叔也给吉吉拍了很多照片。白猴大叔拍完照片，小朋友们要吉吉表演杂技，吉吉一听赶紧找借口溜了。正在浇水的山羊教练忽然看到杂技团的熊猫捧着水果和竹笋走过来，他急忙呼唤熊猫，吓得吉吉慌忙跳进水池里清洗身上的石灰。山羊教练对着水池说："熊猫快出来，可别把你憋坏了！"这时吉吉在水下洗去了身上的石灰，一下从水中冒了出来。看到水中出来的不是熊猫而是吉吉，山羊教练十分奇怪，问他："你看见熊猫了吗？"吉吉说没有看见，当山羊教练指着地上的果子问他时，吉吉慌忙改口："啊，对对！我看见了，这些果子就是熊猫给我的。"

吉吉回家后倒头便睡，爸爸妈妈下班回家看到桌子上放着一堆水果，便问吉吉哪儿来的，吉吉谎称"是熊猫给的"，还拿出画报给爸爸看，爸爸有点不大相信。妈妈也听说熊猫来过，过两天还要来取照片呢。爸爸对吉吉说："过两天他来，你得跟人家好好学习啊！"吉吉口头上答应着，心里却想：过两天我也有照片了。他心里美滋滋的，似乎忘记了这照片是他假冒熊猫拍的。

　　过了两天，吉吉化装来到杂技训练基地，他拿着照片，与小猴边看边评论。白猴大叔举着照相机说："等会儿你表演，拍几张精彩的！"白猴大叔让他先表演踩球。望着那个圆圆的大彩球，这可难坏了吉吉，平时他不练功，什么也不会。他硬着头皮跳到球上，可他掌握不好平衡，东倒西歪的，只好趴在球上不动。白猴大叔让他站起来快点踩球，吉吉无奈只好哆哆嗦嗦地站起来，白猴大叔将镜头对准吉吉，可是吉吉战战兢兢地不敢踩。在小猴的帮助下，吉吉好不容易踩着球滚上一个小土坡，可是下坡时吉吉控制不住球，大彩球猛然从单杠架下滚过，吉吉过不去，只好跳到树上，急得直"哎哟"。但白猴大叔还没拍照呢，吉吉只好又站到彩球上，谁知吉吉在彩球上站不稳，一个倒栽葱从球上掉下来，把额头上的石灰碰掉一块，吉吉赶紧用手捂住。机灵的小猴觉着不对劲，他用手敲敲吉吉，发出嘭嘭的响声，小猴拿开吉吉的手，露出了黑色毛发。山羊公公看出他是小熊吉吉，吉吉假冒明星的事暴露了。小猴生气地指责他："你骗人，真不害臊！"他把白猴大叔刚洗出的照片摔到吉吉头上，小朋友都不和他玩了。吉吉羞愧难当，这时雷声隆隆，大雨倾盆而下，雨水伴着吉吉悔恨的泪水，冲掉了他身上的石灰，让他露出本来面目。但愿这雨水能够冲掉吉吉投机取巧的想法。

　　山羊教练捡起白猴大叔拍的照片，痛心地批评吉吉："你怎么装假骗人呢？"他拉着吉吉回到家里。听说吉吉的事，爸爸生气地扬起手就要打，被山羊教练拉住。山羊教练问吉吉："大家为什么喜欢熊猫？"他让吉吉仔细看《森林画报》，吉吉一页一页认真地看起来，踩球、转套圈，在钢丝上骑独轮车……熊猫把这些杂技项目表演得非常精彩。他终于明白大家为什么这么喜欢熊猫了，因为人家有过硬的本领。必须练成过硬的本领，才能成为真正的明星，只有勤奋练功才能实现这一目标。他向山羊公公表达了学本领的决心。山羊公公十分高兴，他与吉吉约定第二天早上练功场上见。

　　第二天早上6点，吉吉一骨碌爬起来就跑到练功场上。山羊教练指导吉吉练功，吉吉一次次从彩球上掉下来，又一次一次跳上彩球继续练。

从此，吉吉自觉刻苦地练功。

春去秋来，吉吉终于学会了很多本领，他能够自由地踩着彩球走了，他的车技也练得十分高超，能做出许多高难度动作。又一个年度的"森林杂技团"表演大会开始了，吉吉表演"独轮车空中走钢丝"。在钢丝上，吉吉蹬车、转圈、跳跃、倒立亮相，一套高难度动作做得行云流水。吉吉精彩的表演博得观众一阵阵热烈的掌声，吉吉成功了，成为大家喜爱的杂技小明星。人们把鲜花抛给吉吉，吉吉挥舞着鲜花向观众致意，他把鲜花献给精心培育他成长的山羊教练。白猴大叔竖起大拇指，由衷地称赞吉吉是"咱们的小明星"，说着按下了快门。

影片通过吉吉从假明星到成为真明星的经历，告诉大家一个道理：懒惰、弄虚作假的行为只能害了自己。"梅花香自苦寒来"，只有付出汗水，学到真本领，才能实现自己的理想。

亲子时光

家长
学生

 课上交流

1. 小熊吉吉一开始是怎样向熊猫学习的？
2. 讨论一下，什么事情使吉吉的认知发生了变化。

鹬

——愿你主动成长，活出自己的模样

电影放映厅

　　海浪一波一波涌向岸边，拍打着沙滩，随着海浪潮起潮落，成群的鹬鸟一会儿急急忙忙地啄食海浪冲出来的小蛤蜊，一会儿快速退向岸边，躲避冲上岸的海浪。

　　刚出生的小鹬在窝里等着妈妈喂食，眼看着妈妈找到了蛤蜊，自己马上张开嘴等着。但妈妈只是把蛤蜊放在脚边，吸引他过去。看到妈妈呼唤自己，小鹬跌跌撞撞地跑到妈妈身边，还是张着嘴等着妈妈来喂，妈妈一下一下把小鹬推向海边，告诉他有泡泡的地方就有蛤蜊，让他自己去找。小鹬第一次学着找蛤蜊，一连找了几个泡泡下面都没有，好不容易找到一个，还是个空壳。小鹬还没吃到小蛤蜊，海浪再一次涌过来，大群的鹬鸟都快速向后退去。妈妈一边向后退一边呼唤着小鹬，小鹬跟着鹬群往后退的时候被旁边的泡沫吸引，忘记了躲避海浪，被海浪压在水底，浑身又湿又冷，吓得小鹬再一次躲进窝里不出来。

　　妈妈回到窝里，吸引着小鹬自己去找吃的。看到海浪又一次涌过来，小鹬还没走出去就头也不回地趴到窝里。过了一会儿，小鹬抬头一看，海浪离自己很远就退向大海了。知道没有威胁，小鹬又一次壮着胆子向大海跑去，正好看到前面有一个蛤蜊，刚到蛤蜊旁边，还没吃到蛤蜊，海浪又一次涌过来，吓得小鹬又一次跑回岸边的石头旁。

镜头一转，小鹬竟然被驮着往海边走去，低头一看，原来是两只寄居蟹。两只大寄居蟹没有理睬小鹬，急匆匆地向大海爬去。这时，从沙子下面钻出一只小的寄居蟹，用他的大钳子敲敲小鹬的嘴巴，邀请他一起去海边。远远地看到寄居蟹被海浪淹没，小鹬又一次吓得魂飞魄散。

退潮后，小鹬急忙跑过去看小寄居蟹有没有受伤。小寄居蟹毫发无损，继续刨开沙滩找小蛤蜊。小鹬一看海浪快速涌过来，自己也来不及跑回沙滩，也学着小寄居蟹刨开沙子把头埋进沙子里。海水下面，小寄居蟹敲敲小鹬的头，让他睁开眼看看。小鹬勇敢地睁开眼一看，发现海水下面非常美丽，一点也不吓人，那些唤作美味的大大小小的蛤蜊也在海水里翩翩起舞。

海水退潮，这一次小鹬不再害怕，开心地跳着跑向妈妈，围着妈妈转了几圈，然后往前跑去，找到一个大个儿的蛤蜊吃起来，然后根据自己刚才看到的大蛤蜊的位置，找到了更多的大蛤蜊，给妈妈扔过去。小鹬找蛤蜊的技巧惊呆了所有的同伴。

发现自己能找到更多的大蛤蜊，小鹬开心地在海滩上跑来跑去，海浪冲过来，也不再往回跑，而是把自己埋在沙子里，在水下确定大蛤蜊的位置，等海水退去直接去抓大蛤蜊。

小鹬兴奋地叼着一只只大蛤蜊跑回窝里，不一会儿就给妈妈找到了一堆大蛤蜊。

在小鹬学习找食物的过程中，妈妈一次次鼓励他面对海浪，教给他找蛤蜊的技巧，尽管第一次去找蛤蜊就被海浪打翻，妈妈还是再一次鼓励他面对困难。在成长的过程中，总会遇到看似令人恐惧、难以面对的困难，只有自己能勇敢地迈出第一步，才能在克服困难的过程中不断成长，也许真正去解决问题的时候，反而发现困难并没有那么大。

妈妈一次次鼓励小鹬自己走向大海寻找食物，却没有限制他用什么方法去找蛤蜊，小鹬从小寄居蟹那里学到了其他同伴都不知道的本领。

更多鼓励，而不是限制，才能造就独特的自己。

亲子时光

家长
学生

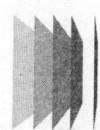 课上交流

1. 思考一下，小鹬第一次被海浪打翻，退回到窝里时，妈妈会对他说什么。

2. 你印象最深的镜头是哪些，和同学们讨论一下吧。

"没头脑"和"不高兴"

——万丈高楼平地起

电影放映厅

"没头脑"学习、做事总是粗心大意、丢三落四,因而得了这个外号。

上学的路上,"没头脑"被风吹掉了帽子,有人提醒他帽子丢了,他跑回去捡帽子,又忘了书包;在人们的提醒下,他又回去捡书包;拿书包时又将帽子忘在地上,真够粗心的。"没头脑"喜欢建筑设计,他的理想是当个建筑工程师,老师布置了图画作业,他就画了学校的大楼,粗心大意,把题目与自己的名字写倒了,同学们批评他,他却不以为然地说:"这有什么大不了的,哼……"意思是说,这点小缺点、小毛病,不会影响他将来做大事情。

经过仙人的点化,"没头脑"实现了自己的理想,当上了建筑设计师,设计建造一千层的少年宫。不久,少年宫落成,由于他太粗心了,一千层的少年宫却建成了九百九十九层。这天,"没头脑"应邀到少年宫参加开幕式,他昂首阔步地进入大楼,不觉帽子掉在地上,幸亏有人提醒才及时捡起来。看来他丢三落四的缺点还没改过来。忽然,他看见有些小朋友抬着锅碗瓢盆、被子等物品上楼,"没头脑"十分纳闷,一问才知道自己忘了设计电梯,到顶层去看戏,来回要走一个月。怪不得小朋友们带这么多东西,原来是准备路上用的。走了整整十四天,"没头脑"已筋疲力尽,走在最前面的小朋友说还有最后五层。"没头脑"

实在挪不动了，他对小朋友们说："不行了！这场戏啊，我是看不成了，你们先去吧。"一个小朋友埋怨道："哼！都怪那工程师，这么高的楼房，怎么会把电梯给忘了，他呀，准是个没头脑！"听了小朋友的批评，"没头脑"心里实在惭愧。小朋友们在楼顶上安装了一个拉环，他们一起用绳子把"没头脑"拉上顶层。拉到空中时，有个小朋友问他："叔叔，我们这个电梯好不好啊？"这都是他忘了设计电梯造成的，"没头脑"真是哑巴吃黄连——有苦说不出，谁叫他没有改正丢三落四、粗心大意的毛病呢？

"不高兴"完全按照自己的意愿做事，十分任性，缺乏合作意识，与人相处不够随和，别人向他提出什么要求，他一概不高兴、不接受，一开口就是"不高兴"三个字，因而人们叫他"不高兴"。

路上，"不高兴"捡到了"没头脑"的帽子，他把帽子挑在竹竿上玩，"没头脑"问他要，他却连连说"不高兴"，拒绝把帽子还给人家。"不高兴"的理想是当戏剧演员，演武艺高强、威风凛凛的武松。他棍术功夫高超，却不愿意为大家表演。"不高兴"在墙上翻跟头，有人提醒他"危险"让他快下来，他根本不听。一直翻到墙角，身体失去重心，一下掉进了泥坑里，棍子也折断了，还溅了一身泥。有人说他："你老这么不高兴，将来大起来可怎么得了。"听到这话，"不高兴"很不耐烦："哼！老是大起来怎么得了，这有什么？等我大起来呀，干些大事给你看看。"有人不相信，"不高兴"说："我要是能马上大起来就好了。"

仙人问他长大后干什么，"不高兴"说"要做个演员"。仙人用他的神笔画了几笔，"不高兴"就成大人了。现在"不高兴"成了一名演员。

在少年宫落成的开幕式上，由"不高兴"和"倒霉蛋"演出京剧《武松打虎》，"不高兴"临时想演武松，演出时间到了，"不高兴"还在赌气，说"不高兴演老虎，要演武松"。演员都是按照排练的角色进行演出，怎能临近演出改换角色呢？演武松的"倒霉蛋"硬给他穿上了戏装。按照剧情，武松将老虎打死了，听到观众欢呼"老虎死了"，"不高兴"生气了："什么？我被打死了，不高兴！"又跳起来扑向"武松"，上演了一出"老虎打武松"的荒唐戏。"老虎"决心彻底打败"武松"，他追着"武松"满剧场乱跑，全然不顾剧情的规定和要求，也不顾全场观众的安危。"武松"跳到观众席上，"老虎"也跳到观众席上去追赶，剧场顿时大乱，"武松"从剧场中逃到场外，"老虎"也追到场外。看到迎面跑来的"武松"，"没头脑"也稀里糊涂地跟着跑起来，"武松"吓得钻进了一间小屋里。"不高兴"把"没头脑"当成"武松"，"没头脑"一边跑一边提醒他："别追我，别追我！我不是武松！"但"老虎"却说："不高兴！""没头脑"在逃跑中被楼梯栏杆挡住，"不高兴"猛扑过来，两人一起滚到楼梯上，又顺着楼梯从九百九十九层高的楼顶滑到楼底，重重地摔在地上。这时他俩才发现对方是自己的朋友，朋友相见也来不及高兴了，他俩都摔得站不起来了。"不高兴"浑身是伤，还摔折了胳膊，"没头脑"也摔得不轻。

"不高兴"在当了演员之后，依然不改任性而为的缺点，想干什么就干什么，不按照剧情进行表演，由着自己的性子去做，竟然上演了一出"老虎打武松"的荒唐戏，既没给观众带来美的享受，还给其他演员和观众带来不应有的伤害。

经过这番挫折，"没头脑"和"不高兴"认识到不改正粗心大意和任性而为的缺点，长大后承担了大事情会捅大娄子。他俩低着头回到变成大人的地方，这次他们可不再神气了，仙人说："是你们二位回来了，我说'没头脑''不高兴'，怎么样啊？"他俩难过地说："您别喊我'没头脑'了。""您也别叫我'不高兴'了。"他们恳请仙人："快让我们变回去吧。"看到他俩认识到了自己的缺点，仙人爽快地答应了他们，眨眼间，他们又回到了儿童时代。"没头脑"又背上了书包成为一名小学生。忽然，他们感觉有点不大对头，原来，"没头脑"嘴上还留着胡子，"不高兴"的手上还缠着绷带。仙人和他们开玩笑："你们瞧，我倒成了没头脑了。"在爽朗的笑声中，他俩回到学校之中，决心再也不当"没头脑"和"不高兴"了。

亲子时光

家长
学生

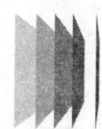 课上交流

1. 总结一下,"没头脑"和"不高兴"在上学时做了些什么事,他们"长大"后又做了什么事。
2. 说说他们是怎样认识到自己的错误的。

淘气的金丝猴

——设身处地，不断成长

电影放映厅

金丝猴是妈妈的独生子，妈妈把他当作宝贝疙瘩，由于妈妈的娇惯溺爱，活泼聪明的金丝猴养成了任性淘气、爱捉弄人的毛病。金丝猴在树上看到自由飞翔的蝴蝶，非让妈妈带他"飞"。妈妈不顾劳累，背着他在岩石间跳来跳去，金丝猴高兴地叫着，仿佛自己变成了一只快乐的蝴蝶，丝毫没有体会到妈妈已经累得喘粗气了，可是妈妈还要去摘果子，不能总陪着他玩，让他去找小朋友玩，金丝猴却说："他们都不和我玩，我找不到朋友。"

妈妈走后，金丝猴去找熊猫哥哥玩。熊猫正在吃竹笋，他便悄悄地来到熊猫后面，突然叫道："豺狗来了，快跑啊！"吓得熊猫翻着跟头逃跑。熊猫十分生气，表示不和他玩了，金丝猴这才说："不再吓唬你了。"金丝猴要和熊猫进行爬树比赛，小松鼠自告奋勇当裁判。随着小松鼠一声令下，虽然熊猫先爬三步，但金丝猴三下两下就追上了熊猫，在超过熊猫时还踩了他一脚。金丝猴很快就爬到树梢，熊猫输了，老老实实在地上打了三个滚，金丝猴讥笑熊猫是"傻大个"，还要继续挖苦。小松鼠十分生气，批评金丝猴："你太骄傲了，赢了有什么了不起，还讥笑人家。"金丝猴可不接受批评，他竟说："关你什么事，不要你管！"这时，熊猫想出一个新的比赛项目，比谁下坡更快。金丝猴没想到，走下坡路时熊猫蜷曲身子，从山坡上骨碌碌滚下来，率先到达山坡下。这回熊猫赢了，该金丝猴打滚了，可是金丝猴偏不，他说："我才不打滚呢。"小松鼠气愤地批评他"耍赖皮，不害臊"，他才不在乎呢，临走还挑衅地说："嘿嘿，再见！"正因为金丝猴不讲信用，别人才不愿意和他做朋友。

大家都不和金丝猴玩，他只好自己玩。忽然，金丝猴发现树枝上有个大蜂窝，金丝猴荡个秋千，一脚把蜂窝踢飞了，蜂窝正好落在熊猫身边，野蜂把熊猫当作破坏蜂窝的罪魁祸首，怒气冲冲地追着蜇熊猫。熊猫到处跑，无法摆脱被激怒的野蜂，最后钻到一个树洞里，也是顾得了头，顾不了腚。这场灾祸本身是因金丝猴淘气而惹出来的，却让熊猫替他受罪。看着别人难受，自己心里乐，谁愿意和金丝猴做朋友？

两只小鸡在树下玩跷跷板，十分和谐有趣。金丝猴觉得好玩，便来到树下和小鸡一起玩。正玩得高兴，金丝猴眼珠一转，想出一个坏点子。他突然把脚一收，站在跷跷板另一头的两只小鸡由于失控摔了个仰八叉，金丝猴却十分高兴，感到好玩。他把自己的快乐建立在别人的痛苦上，气得小鸡责备金丝猴"真坏"，不再跟他玩了。是啊，谁愿意和一个老是打坏主意捉弄朋友的人玩呢。没人和他玩，他也会做捉弄人的事情。当他看见鸡妈妈和小鸡在睡觉休息时，又想出一个坏点子，他大声喊："老鹰来喽，老鹰抓小鸡喽！快跑，快跑啊！"吓得鸡妈妈领着小鸡赶快逃命。他还"噢——哧，噢——哧"，做出轰赶老鹰的样子。过了一会儿，他又对鸡妈妈说："出来吧，老鹰被我赶走了！"

金丝猴不仅捉弄小朋友，连鸡妈妈这样的长辈也捉弄，确实太不道德了。他的行为遭到了大家的一致批评。熊猫批评他"老是捣蛋"，鸡妈妈批评他"这样淘气，把孩子都吓坏了，以后谁还跟你玩"。可是金丝猴才不担心呢，他说："我妈妈就我一个宝贝疙瘩，你们不陪我玩，她会陪我玩的。"

金丝猴躺在树上休息，熊猫在临近的一棵树上吃笋，忽然一只凶恶的豺狗悄悄过来，盯上了树上的金丝猴。熊猫看到这情景急忙爬到树顶，叫醒金丝猴，告诉他"树下有豺狗"。金丝猴不相信曾被他多次捉弄的熊猫会诚心告诉他有危险。他看看树下，什么都没有，便出口伤人："傻大个，瞧你装得真像！"诚实的熊猫为了金丝猴的安全，不计前嫌，反复告诉他："千万别下树，危险！"熊猫越是焦急，他越不相信，反而要下树，说："傻大个，别再逗我了，我要回家喽。"眼看金丝猴就要有生命危险，熊猫急得直跺脚："危险，千万别下树。我不骗你，真有豺狗！"金丝猴根本不相信熊猫的警告，还吹牛："真有豺狗，我把它扔到山沟里去。"金丝猴一再忽视熊猫急切而善意的警告，把别人的一片好心当作恶意。

　　金丝猴刚一下树，豺狗立即向他扑去，金丝猴慌忙往熊猫所在的树上爬，熊猫一把将金丝猴拽到树上，不料用力过猛却把自己闪下树枝，幸好被金丝猴顺手抓住。最终金丝猴用力将熊猫拉到树枝上，金丝猴和熊猫哥哥紧紧地拥抱在一起。忽然他们看到鸡妈妈正带着孩子向树下走来，急忙告诉鸡妈妈树下有豺狗。这时豺狗已经扑向鸡妈妈，鸡妈妈奋不顾身地和豺狗搏斗，熊猫和金丝猴也不顾危险从树上跳到豺狗身上，与豺狗展开殊死搏斗，救出了鸡妈妈。在搏斗中，豺狗又扑倒了熊猫，鸡妈妈瞅住机会，用力去啄豺狗的眼睛，豺狗发出一声惨叫，金丝猴搬来一块大石头对准豺狗头上砸去，豺狗当即昏了过去。金丝猴踩在豺狗身上用力踩，不料，豺狗突然醒来，猛然扑向金丝猴，吓得金丝猴连忙退到一块岩石上，鸡妈妈从后面冲上来啄瞎了豺狗的另一只眼睛，豺狗惨叫着摔下山。鸡妈妈真诚地感谢金丝猴和熊猫救了自己一家。金丝猴也诚心地表示谢意："是熊猫哥哥救了我们。"熊猫说："多亏金丝猴打晕了豺狗。"鸡妈妈称赞他们："都是勇敢的孩子。"

　　经过这番危险的经历，金丝猴认识到，如果没有这些朋友的帮助，今天他就没命了，自己过去还总是捉弄他们，寻开心，实在不应该。他诚心诚意地向他们检讨："是我不好，我总是捉弄你们。"鸡妈妈说："有错就改，还是好孩子。"

　　从此，金丝猴和大家成了好朋友。

亲子时光

家长	
学生	

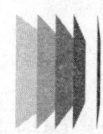 课上交流

1. 金丝猴做了哪些淘气的事？他都捉弄了谁？后来发生了什么事，让金丝猴认识到了错误？

2. 你认为影片中哪个镜头画面最美，说说你的看法。

小熊猫学木匠

——艺无止境，精益求精

电影放映厅

　　小熊猫对学习木工技术有很高的热情，可他拉锯把直线拉成了弯的；刨木板刨成弧形，而不是直的。他太粗心啦！那天，他刚做成一把小椅子，爷爷表扬他说："模样还挺像。"他就认为自己已经学会木匠活啦。接着，爷爷批评他功夫"还不到家"，告诉他："我们当木匠的功夫要练得扎实，哪样活儿都不能马虎。"小熊猫却听不进去。他做的小椅子，用手一推便吱扭吱扭地晃动。小熊猫可不管这些，他认为自己有能力为大家服务，不顾爷爷的呼唤骑上摩托就走了。这样急于求成、浮躁的学习态度怎能学好木工技术呢？

　　长颈鹿家的饭桌坏了，小熊猫钻到桌子底下，找到了桌子的毛病，原来是一条腿短了，但长颈鹿妹妹圆圆却认为是三条腿长了。小熊猫马上附和她的意见："对对对，三条腿长了，锯了就行。"但小熊猫也不进行测量，拿起锯子就锯，先是把长的桌腿锯短了，比原来短的桌腿还短，这样反反复复地锯，直到把一张高高的饭桌截得比他的膝盖还矮，这么矮的饭桌，叫长颈鹿一家怎么用呢？小熊猫没有精确地测量，仅凭感觉锯桌腿，难怪把高桌子修成了矮桌子呢。

　　大象伯伯正高高兴兴地在家里洗澡，忽然木盆漏水了。小熊猫发现后主动为大象伯伯服务，他找到木盆中那根坏了的木条，然后找一根木板刨平，将原来坏了的木条顶出来，木盆很快修好了，可是大象伯伯往木盆放水的时候，水还没放满就淌出来了。原来小熊猫把木板刨成了弯的，木板之间漏着两条大缝，水不就从这里漏出来了吗？小熊猫有办法，他在木板的两条缝隙之间插进两个三角形的木楔，用锤子敲下去就可以了。可是木楔做得不合适，敲这个，那个跳起来，敲那个，这个跳出来。小熊猫用力一锤子砸下去，哗啦一声，盆子的木条全被挤出来了——木盆散架了，他也急哭了。他修不好了，只好回家请爷爷来修。

在小熊猫回家的路上，小猴请他把木箱的窟窿补上。小熊猫没细心测量窟窿的大小，凭感觉劈出一块木板补窟窿，结果木板裁小了，从窟窿掉进箱子里。小熊猫掀开箱盖到箱子里面钉木板，只顾叮叮当当地敲钉子，由于木板震动，箱盖被震下来，把自己封在箱子里了。小猴只好把木箱搬到熊猫家里，请爷爷救出小熊猫。

熊猫爷爷打开箱子，小熊猫喘着粗气，从箱子里钻出来往自己做的椅子上一坐，椅子一下散了架，他清醒地认识到自己没有学好技术才出了这些差错，给别人带来更多的麻烦。小熊猫接受教训，决心重新认真学习，他相信自己一定会成为一个技术高明的木匠。

影片用小熊猫三次修理家具的行为启示人们：只有克服浮躁心理，虚心学习，扎扎实实地练好基本功，学好真本领，才有广阔的天地。

亲子时光

家长
学生

 **课上交流**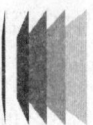

1. 小熊猫是怎样学习木工技术的,他做的椅子怎么样?

2. 小熊猫给人家修理饭桌、洗澡盆、木箱时的态度如何?结果又是怎样的?

3. 小熊猫回到家后坐在自己做的椅子上,后面发生了什么?影片的结尾是怎样的?

雪孩子

——每个孩子心里都有个善良的雪孩子

电影放映厅

美术片《雪孩子》展现了雪孩子助人为乐、舍己救人的故事。

在一个严寒的冬天，冰雪覆盖了森林，覆盖了原野，兔妈妈要出去找胡萝卜，小兔子非要跟着妈妈去不可，他可不愿意自己一个人待在家里。这时兔妈妈想出个好主意，她和小兔子一起来到雪地上堆雪人，堆一个与小兔做伴的雪孩子。她们用洁白的雪花给雪孩子塑造了健壮的身躯，小鸟送来一片翠绿的竹叶做雪孩子的头发。小兔子找来一个小竹筐给雪孩子做帽子，又将自己珍藏的两颗龙眼核做雪孩子黑亮的眼睛，雪孩子眨眨眼睛，目光炯炯，活泼可爱。忽然，小兔子发现漂亮的雪孩子还缺少鼻子，他赶忙从家里拿来一截胡萝卜给雪孩子做鼻子。英俊的雪孩子可不愿意有这么丑陋的鼻子，当小兔子安好鼻子，刚一转身，雪孩子就把那截胡萝卜扔到地上，原来雪孩子不喜欢这个鼻子，小兔子赶忙安慰雪孩子，将来给他做个漂亮的鼻子。小兔子和雪孩子很快就成了好朋友，兔妈妈放心地出去找胡萝卜。

雪孩子和小兔子一起滑雪、溜冰、跳舞，玩得可高兴啦。小兔子玩累了，他邀请雪孩子到家里烤火，雪孩子却执意不肯，原来雪孩子是雪的身躯，遇热他会融化的。

雪孩子虽然是雪的身躯，却有一副火热的心肠，有一颗纯洁善良的心。小兔子休息去了，雪孩子独自驰骋在森林里和雪原上，广阔的森林，茫茫的原野，那才是雪孩子的家。突然，正在松树积雪上嬉戏的小松鼠一不小心从树上滑下来，危急时刻，雪孩子飞身上前用帽子接住了从高处跌落的小松鼠。小松鼠得救了，雪孩子藏在树干后欣喜地望着两只经历险情之后的小松鼠团聚。一只小鸟冻僵了，躺在地上。雪孩子连忙跑过去，用双手捧起那只冻僵的小鸟，轻轻地拂去她身上的雪，把她放进自己的帽子里，盖上几片树叶，牢牢地放在树枝上，冻僵的小鸟苏醒后有了一个温暖的家。雪孩子就是这样无私地帮助遇到困难的小动物。

小兔子在床上熟睡，不料炉灶里的火燃着了放在灶边的木柴，木柴燃着了房子，霎时间，小兔家燃起了熊熊大火。雪孩子飞身赶到小木屋前，急促地敲打窗户呼喊小兔子，可是火势太大，窗玻璃隔音，小兔子睡得太沉没有听见。火势越烧越大，雪孩子灵机一动，奋力把一个个雪球抛进火中，可这无济于事。这时屋内传来小兔子的呼救声，情况万分危急，雪孩子不顾自己被烈火融化的危险，冲进火海，从浓烟烈火的包围中找到已经晕倒的小兔子，抱起他奋力跃上窗台，破窗而出，把小兔子救了出来。此时，雪孩子全身已经开始融化，但他仍坚持着，摇摇晃晃地放下昏迷的小兔子，随即化为一汪洁净的雪水，化作一缕纯洁的水汽，飘上了蓝天。

兔妈妈回到家，看到自己的家被烈火烧成灰烬，她焦急地呼喊着小兔子。这时躺在地上的小兔子苏醒了，母子俩终于团聚了。她们知道，是雪孩子牺牲了自己的性命才救出了小兔子，兔妈妈和小兔子一起缅怀起这个舍己救人的好孩子。影片最后，人们仿佛看到善良的雪孩子像一个纯洁的天使，正在广阔的天空中翩翩起舞，微笑着向大家招手。

亲子时光

家长
学生

 课上交流

1. 小兔子一个人在家,怎么做才能更好地保护自己?
2. 知道自己最怕火,雪孩子为什么还要救小兔子?

刺猬背西瓜

——不断思考，创新未来

电影放映厅

　　小刺猬和小白兔在一起玩，小白兔摘果子扔给小刺猬，小刺猬用手接着。刺猬妈妈看到了，她一边责怪小刺猬，一边告诉小刺猬："咱们刺猬是用刺背果子的。"用这个方法背果子是刺猬妈妈的妈妈教的，而"妈妈的妈妈也是这样教的"。

　　运用祖传的方法背地上的小果子确实既快又好，但要摘树上的大果子，这个方法就不灵了。刺猬妈妈累得趴在地上直喘粗气也没摘下大果子，小刺猬让妈妈改变方法，不用背上的刺，而是跳起来用手摘，但妈妈无法接受这一新方法，她恪守传统经验，认为刺猬必须用刺去背果子。因为"妈妈就是这样教的"，"妈妈的妈妈也是这样教的"。刺猬妈妈对于祖先传授的经验，已经到了迷信的地步，即使这种方法摘不到大果子也不要紧，不吃就是了。

　　小刺猬十分渴望吃到树上那熟透了的又红又大的果子，等妈妈走开的时候，小刺猬铆足了劲滚动、助跑、腾空而起，在下落的一瞬间，两手把大果子摘了下来，那熟透的果汁迸出来落到小刺猬的嘴里，甜极了。而刺猬妈妈却要求小刺猬把大果子扔了。

　　啄木鸟告诉刺猬母子前面还有更大的果子，母子俩便一起向前走去。路上，他们看到一个从未见过的大西瓜，妈妈还是采用老办法——用刺背西瓜。刺猬妈妈用力跳起，身体落在西瓜上，背上的刺倒是扎进了西瓜皮，但整个身子悬在空中，小刺猬急忙用力滚动大西瓜，让妈妈的腿脚着地，母子俩一起用力，可大西瓜刚刚离开地面，刺猬妈妈便承受不住西瓜的重量，一下被压进西瓜里面去了，急得她一个劲地喊："儿子，儿子！快救救我！"看到妈妈被西瓜"吃"了进去，小刺猬急忙用力推大西瓜，可是推不动，小白兔也来帮助小刺猬推大西瓜，还是推不动。突然，小刺猬发现西瓜蒂还被藤蔓拉着呢，于是他赶紧把连接瓜蒂的藤蔓扯断，刚才还推不动的大西瓜失去控制，骨碌碌向山坡下滚去，幸亏啄木鸟喊大家帮忙，小兔子们在山坡上迅速挖了一个坑，瓜滚到坑里就停住了。啄木鸟问明原因，他在大西瓜"吃"进刺猬妈妈的地方画个三角形，沿线啄开西瓜皮，救出了刺猬妈妈。

刺猬妈妈从西瓜里钻出来，长长地喘了口气，埋怨道："都是这个大西瓜害苦了我。"这回小刺猬可有理由批评妈妈了："都怪你嘛，非要用刺来背。"啄木鸟也认为，这么大的西瓜一个人可背不动。妈妈认为既然无法把大西瓜背回家，那就只有放弃。她对小刺猬说："这西瓜咱不吃了，孩子，走，回家去。"正当刺猬妈妈准备放弃大西瓜的时候，只见小刺猬和小兔正在把西瓜滚回家，他俩一个在后面推，一个站在西瓜顶上用脚蹬着走，两人合作，手脚并用，既可以起推动作用，又可以掌握西瓜滚动的方向，两人像做游戏一样，把妈妈背不动的大西瓜轻而易举地运走了。刺猬妈妈对此十分吃惊，喃喃道："这个运西瓜的办法，我妈可没教过我。"

从这件事上可以看出刺猬妈妈安于现状，不愿改变的心态；而小刺猬是新生一代，他不受局限，勇于突破传统经验的束缚，根据问题的特点寻找解决的方法，综合利用自身的有利条件，在朋友的帮助下，巧妙地运走西瓜，体现了创新意识。

亲子时光

家长
学生

 课上交流

1. 刺猬妈妈教小刺猬背果子时，果子在什么地方？有多大？
2. 刺猬妈妈有没有背到大果子？她为什么坚持用刺背？
3. 刺猬妈妈是怎样运西瓜的？小刺猬和小白兔是怎样运西瓜的？

骄傲的将军

——生于忧患，死于安乐

电影放映厅

影片中，将军率领军队打败了敌人十万大军，取得赫赫战功。胜利归来，举国上下欢迎将军和他的军队。在喜庆欢快的锣鼓声中，将军骑一匹雪白的战马跑来，直到家门口才傲然下马，大摇大摆地走过欢迎的人群，旁若无人地坐到厅堂之上，一副威风凛凛又趾高气扬、盛气凌人的派头。

庆功会上，有人问将军："敌人还敢不敢来？"将军手指厅堂的大鼎，厉声喝问："鼎有多重？"然后一把将这几百斤重的大鼎高高举起，往空中一抛，又稳稳接住。将军不仅力大无穷而且武艺精湛，只见他张弓搭箭射中房檐上风铃的系绳，惊起飞檐中的几只小鸟，紧接着又射中了空中的飞鸟，展示了非凡的武艺，人们的喝彩更使将军志得意满。将军自诩为"天下第一英雄"，告诉大家敌人再也不敢来侵犯了。

将军沉浸在胜利的欢乐之中，整日整夜地沉溺于歌舞。天亮了，将军还抱着酒坛子睡大觉。公鸡报晓，该起床练兵习武了，将军恼怒地把影响他睡觉的公鸡塞进酒坛子里。他扔出鞋子把吹起号角准备练兵的战士赶走，打着呵欠说："胜利了，还练什么兵？"说罢倒下又睡。将军认为胜利了，敌人不敢再来进攻，也就没必要练兵习武，只管纵情享受。

将军年复一年沉浸在歌舞中，他的箭套成了老鼠的家，雪亮的银枪已经锈迹斑斑,上面结满了蜘蛛网。将军也养得体态臃肿。外出郊游时遇到玩杠铃的年轻人,将军本想逞威风,结果举起二百来斤的杠铃,就东倒西歪的,非常吃力。将军在湖中夸口要射张口雁,结果竟拉不开弓,射出的箭也十分无力,反被大雁戏弄,昔日那个箭射飞鸟的神箭手丢了丑。一代大将变成了一个脑满肠肥、头重脚轻的草包。

举杠铃、射飞雁的失败经历,并没有引起将军的警觉,他仍然自诩为"天下第一英雄"。在自己生日这天,将军大摆筵席,隆重庆祝。前来祝寿的达官贵人,送来了各种奇珍异宝。扬扬得意的将军刚刚把"天下第一英雄"的横匾挂起来,哨兵接连来报"敌军大举侵犯"。当敌人攻破城门时,将军还认为那曾经被他打败的敌人绝没有这个胆量。当他终于看清这是个残酷的事实时,他惊恐万状。慌乱中,他高声叫人却无人应声,军队已经无法打仗,平时巴结他的小人早已逃之夭夭。将军临阵磨枪,枪没等磨好却已折断。敌军攻进将军府,他只好钻狗洞逃跑,最终做了俘虏,落了个身败名裂的下场。

将军最终的结局是他长期骄傲自大,贪图享乐,荒废武艺、战备的必然结果。影片通过刻画将军的命运,形象地告诉人们,在功劳和成绩面前要谦虚谨慎,戒骄戒躁,才能不断取得进步,取得更好的成绩。

亲子时光

家长
学生

 **课上交流**

1. 将军是从什么时候开始骄傲的？从他的哪些行为看出他骄傲了？
2. 将军的骄傲对国家有什么危害？

小钉子

——钉子小，作用大

电影放映厅

一天，小男孩正在路上蹦蹦跳跳地走着，忽然发现一个小钉子，小男孩没在意，随意把它踢到了路边。小钉子很生气，转身去找小男孩。小男孩看见钉子回来找他，用尽全身的力气把小钉子踢出很远，小钉子不甘示弱，也铆足了劲撞了小男孩一下。小男孩冲小钉子大发脾气，小钉子也不含糊，紧跟在他的后面，他走，小钉子也跟着走；他停，小钉子也跟着停，怎么也摆脱不掉。小男孩怒气冲冲地朝着小钉子狠狠踢了一脚，就赶快跑回家，把小钉子关在门外，但小钉子也和他较上劲了，小钉子用力撞开房门，堂而皇之地走进房间。小男孩生气地质问小钉子："你干吗老盯着我呀？"小钉子反问道："你干吗老踢人家呀？"小男孩不服气地说："小钉子有什么了不起的。"小男孩认为一个小小的钉子没什么能耐，踢它一下也没什么，小男孩的态度激怒了小钉子，接下来它做的事让小男孩后悔万分。

小钉子在家中吹了一声口哨，相框、椅子上的钉子都立即罢工，顿时相框、椅子全都散了架，小男孩也摔了个四脚朝天。小男孩火冒三丈，唰地一脚就把那个小钉子给踢出门去，这下可真把小钉子惹急了，只见它接连发出三声口哨，顷刻间家中的玩具、橱子、柜子，甚至家里的房门和房子里各种各样的钉子全都罢了工，然后排队迈着整齐的步伐往门外走去，霎时间，橱子、柜子、玩具全都散了架，房门倒了，房子也塌了。没有了钉子，家中的一切都毁了，根本无法正常生活，可见钉子在日常生活中的重要作用。看到钉子迈着整齐的步伐从家中撤走，小男孩气呼呼地对钉子说："你们想跑啊，没门。"他大声呼喊要截住撤走的钉子，但仍然无法阻止钉子的步伐。

小男孩追赶钉子来到野外，这时迎面来了一个骑自行车的小女孩，小男孩喊她帮助截住钉子，只见小钉子一声口哨，自行车也散了架，小女孩急得哭起来。小男孩着急地大声呼喊："抓住它，别让它跑喽！"一位司机听到喊声，刚停下汽车，只听一声哨响，小汽车车轮上的钉子首先罢工，车轮掉了下来，汽车没法开了，伴随又一声口哨，车身上所有的钉子都纷纷撤离，车身立刻散了架。忙没帮上，车倒没法开了。这时一辆大吊车开过来，没等吊车司机反应过来，一声哨响，吊车上的钉子马上撤离，吊车立即散了架。随着小钉子一声声哨响，各个地方的钉子应声罢工，于是养鸡场的门倒了，鸡全跑出来了；拉生猪的货车也散了架，猪也跑出来了，公路上乱成一团。在生活中没有了钉子，汽车等交通工具便无法发挥作用，没有了钉子，人们的生活和生产秩序全都乱了套，可见钉子的作用有多么重要。可是小男孩还不服气，非要跟钉子没完，撒腿去追赶钉子们。

小男孩追赶钉子来到一个建筑工地上，工地上一派繁忙的景象。只听小钉子一声号令，那高高的塔吊、脚手架全都散了架，正在吊装物品的吊车司机和站在脚手架上作业的工人师傅从高空中掉了下来，太危险了。小男孩吓得捂上了眼睛。就在这时一架直升机赶来救援，飞行员放下软梯接住了落在半空中的工人师傅，看到工人师傅被直升机救起，小男孩松了一口气，谁知这时哨声又响了，飞机上的钉子应声撤离，飞机也散了架。不仅救援没有成功，连飞行员也从空中掉了下来。

经过这番遭遇，小男孩终于认识到钉子在生活和生产中有多么重要的作用了。他惊叹道："原来钉子这么厉害，钉子的本事大着呢！"小男孩认识到自己对待小钉子非常无礼，他走到小钉子面前诚心诚意地道歉："我再也不小看你了。"他两手捧起小钉子，愧疚地向小钉子保证："我再也不踢你了。"听到小男孩真诚的话语，小钉子马上原谅了他。只见小钉子晃一晃身子，向它的伙伴们发出一声声长长的口哨声，一排排钉子迈着整齐的步伐迅速回到自己的工作岗位上，一切重新开始，正常运转，直升机飞起来了；塔吊又竖起来了，工人师傅又开始吊运货物了，脚手架上的工人师傅挥动着红旗在指挥生产劳动；公路上的猪和鸡又回到货车和养鸡场；小汽车、自行车又可以上路了；家里的房子、门窗、相框、椅子、橱子等，包括小男孩的玩具都恢复了原状。

当小钉子再次站到小男孩面前时，小男孩把它捧起来送到工人师傅那里，让小钉子好好发挥作用。

亲子时光

家长
学生

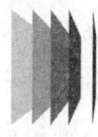 课上交流

1.影片开始小男孩为什么没把钉子放在眼里？后来钉子展示了哪些用处？

2.通过观赏影片你明白了什么道理？

大扫除

——在劳动中成长

电影放映厅

　　小男孩热爱劳动，他想趁爸爸妈妈不在家的时候去做大扫除，把房间打扫得干干净净，一尘不染。

　　他提来水桶和拖把急匆匆地撞门而入，顺手就从门口的地板擦了起来。他擦得很用力，也很快，一会儿擦到橱柜下的地板了，就把橱柜推到门口，擦到桌子下的地板了，就把桌子推到门口，接下来，他把椅子、板凳都推到门口。他越干越起劲，挥动拖把把房间大块的地板都擦干净了，一直擦到窗户底下，他就站在窗户上擦最后一块地板。地板总算擦干净了，可门口却给堵住了。该从哪里出去呢，聪明的小狗想出了办法……从窗户跳出去。小男孩在大扫除的过程中，忘了将家具归位。

　　小男孩又端来水擦桌椅，他推门却推不开，他忘了房门被橱柜和桌子堵住了，他从窗口爬进去，脸盆又端不上去，关键时刻，小狗担起了洗抹布的重任。小男孩想都没想，随手从身边的桌子擦起，擦完桌子，擦椅子，擦板凳，然后去擦橱柜，还擦了橱柜的下面够得着的地方，可是橱柜比较高，上面够不着，他又踩着板凳站到椅子上，终于擦完了橱柜。小男孩干活倒是很麻利，这时他又跑到窗前擦起了玻璃，上面的窗玻璃够不着怎么办呢？他挠挠后脑勺，想到一个办法，他可以踩在桌子上。他高高兴兴地拖来桌子，发现桌子上有鞋印，原来是刚才擦橱柜时踩脏了，再看看刚才走过的地面，也留下了一串鞋印。"没关系，再擦一遍。"小男孩没有气馁。为防止再留下鞋印，他把鞋子脱下来，从窗口扔出去，光着脚丫把椅子、板凳重新擦了一遍，然后把地板上的脚印全都擦干净了，再爬上窗户擦玻璃，一抹布擦下去，玻璃变成了大花脸，怎么回事呢？他举起抹布看了看，原来是抹布太脏了，赶紧唤来小狗清洗抹布。窗户和窗台终于擦干净了，小男孩也出了一身汗。看着焕然一新的屋子，他长舒一口气。

他非常爱惜自己的劳动成果，连小狗也不能随便进入屋里，他怕小狗爪子沾上灰尘，拿抹布把小狗的爪子、尾巴擦干净，这才和小狗轻松愉快地在地板上玩起来，他们翻跟头、倒立，尽情地享受劳动之后的欢乐。

玩着玩着，小男孩忽然发现天花板上挂着蜘蛛网，一只小蜘蛛正从上面垂下来。看到这种情景，小男孩赶紧停止玩耍，决不能在自己进行大扫除之后，还留下这样的死角，他要让房间所有的地方都一尘不染。他开始想办法进行补救。他从腰间掏出手帕戴在头上，小狗衔来笤帚，男孩拖来桌子，站在桌子上，去扫蜘蛛网，够不着，他又摞上椅子、板凳，但还差一点点，他拿笤帚用力去扫，蜘蛛网没够着，天花板上的灰尘倒给扫下来了，灰尘不仅落在他脸上，也落了一地。小狗吓得躲到桌子底下，小男孩也把自己抹成了大花脸，可蛛网依然还在。他干脆踩着椅子背去够蜘蛛网，摞起来的桌椅本来就不牢固，这下就更危险了，这时小男孩脚下失去平衡，东摇西晃，蛛网没扫下来，却把吊灯打了下来，正巧掉在小狗身上。小狗拖着吊灯跑来跑去，碰翻了水桶，脏水洒了一地。小男孩脚下的桌椅晃动着，他想用笤帚抵住天花板保持平衡，但由于身体乱晃，桌椅一下坍塌了，他从上面摔了下来，一屁股坐到脏水里，这太危险了！幸好他没有摔伤。望着被灰尘弄脏的桌椅、地板以及满地的脏水，小男孩挠挠后脑勺，不知所措。小蜘蛛幸灾乐祸，故意在这个时候从天花板上垂下来，落到男孩的眼前。男孩茫然了，他摸着后脑勺想：怎么会搞成这样呢？

影片中的小男孩，活泼可爱，热爱劳动，干活十分麻利，但在劳动过程中不会合理安排，做事没有条理，所以做了很多重复劳动，最后还前功尽弃。

亲子时光

家长	
学生	

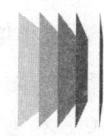 课上交流

1. 小男孩是个爱劳动的孩子吗？他做事有条理吗？你是怎么看出来的？

2. 说说你在家里打扫卫生时会怎么做。

远在天边

——爱与陪伴让生活充满阳光

电影放映厅

一个初秋的清晨,一只胖嘟嘟的小企鹅走在海边小城的路上。

镜头一转,一个小男孩像平常一样,伴着清晨的阳光,伸个懒腰,起床,刷牙洗脸,然后吃饭。也许小男孩并不是一个人住,只是大人们忙于工作,或者忙于生活,没有足够的时间陪伴他,才让他形单影只。

小企鹅在小城里走来走去,他找不到自己要去的地方。终于,他发现一个门上挂着鱼形标志的房子。也许是对鱼的记忆已经深深刻在小企鹅的骨子里,他认定这就是他要找的地方,便毫不犹豫地按响门铃。

看到门外没有人,只有一只不认识的小企鹅,小男孩毫不犹豫地关上门。小企鹅固执地继续按门铃,虽然有点不满,小男孩还是让小企鹅进了门。小企鹅径直走进小男孩的房间,还去摆弄小男孩最心爱的收音机。小男孩不客气地拿走收音机,放到冰箱顶上。小企鹅毫不在意小男孩的情绪,踩着椅子就去够收音机,结果把收音机碰到了地上。小男孩生气了,抱着小企鹅就出门了。他们来到汽车站,小企鹅看出小男孩要把自己送走,他慢慢地靠近小男孩,小男孩却紧紧抱着自己的收音机,扭过头去,毫不理会小企鹅的感受。

小男孩带着企鹅坐公交车来到失物招领处,排了半天队,但工作人员说没有人丢失小企鹅,小男孩失望地带着小企鹅离开了。

他们路过一家宠物店，小企鹅很喜欢宠物店里的小动物，小男孩就把小企鹅放到一个纸箱子里，然后放到宠物店门口，按响门铃，接着快速跑开。在远处等了一会儿，小男孩赶紧跑过来看看有没有人收留小企鹅。看到小男孩回来，小企鹅又紧紧跟在小男孩身后。小男孩心地很善良，此时此刻，小男孩担心小企鹅的安全，他想确认有人收留小企鹅才放心。

　　他们来到图书馆，小男孩查到小企鹅的家在南极，还偶然发现了一本讲述如何去南极的书。小男孩赶紧带着小企鹅去赶最近的一艘去南极的轮船，没想到他们到了码头，轮船已经开走了。无论小男孩如何挥手，大大的轮船还是鸣着汽笛缓缓驶向远方，让小企鹅坐轮船回南极的计划泡汤了。

　　小男孩决定自己造一艘船把小企鹅送回南极。说干就干，小男孩回到家就叮叮当当地造了一艘船。想到明天就要漂洋过海送小企鹅回家，小男孩一夜没睡好。

　　第二天，风和日丽。小男孩一个人划着船跟着远方的大轮船行驶在海上，小企鹅坐在船上一言不发。划累了，小男孩从行李箱里拿出面包，小企鹅也打开行李箱，里面却没有吃的。小企鹅转身跳进海里，小男孩有些担心，扶着船舷往下看。一会儿，小企鹅捉来两条鱼送给小男孩。小男孩没有接小企鹅的鱼，继续划船。不久，小男孩发现水面上漂着无数小黄鸭。看着水面上浩浩荡荡的小黄鸭，小男孩从行李箱里拿出自己的那只小黄鸭，放到水里，让小黄鸭回到它的队伍里。

　　大海的脾气说变就变，刚才还是风和日丽，风平浪静，一会儿就乌云密布，波涛汹涌。小企鹅和小男孩撑起雨伞，但根本挡不住狂风暴雨。小男孩拿出地图想看方位，地图却被狂风卷走了。小男孩的行李箱被大浪打到海里，又一个大浪打来，竟把小男孩也掀到海里，小企鹅赶紧拴上绳子去救小男孩。

　　经过一夜的狂风暴雨，第二天早上，他们的小船被打翻了，行李也漂在海上，小男孩和小企鹅都累得抱着被打翻的小船昏睡过去。

　　此时，一只大章鱼从海底浮上来，眼看体型巨大的章鱼就要吃掉小男孩，画面一转，大章鱼却把被浪打翻的船翻了过来，用触角把小男孩的行李箱放到船上,再把小男孩和小企鹅放回船上,最后还轻轻推了一把小船。

他们终于抵达南极,看着数不清的大大小小的企鹅,小男孩终于把小企鹅安全地送回了家。临走之前,小男孩还把自己的伞送给了小企鹅。小企鹅拿着伞,看着小男孩一下一下划着船离开,非常不舍。

回去的路上,小男孩发现了海面上漂着小企鹅的行李箱,捞上行李箱,仿佛怕失去一样,小男孩紧紧地把它抱在怀里。小男孩慢慢打开行李箱,发现里面只有几张照片,是小企鹅拍的大头贴,其中有一张正好是小男孩抱着小企鹅。把自己珍藏许久的小黄鸭放回在海上漂流的小黄鸭大军中时,小男孩没有犹豫,也没有不舍。但当小男孩看着那几张照片时,他一下意识到,小企鹅才是他离不开的朋友。小男孩划着船奋力向南极的方向划去,他要去找回小企鹅。可是,在许多看上去一模一样的企鹅里,小男孩没有看到小企鹅的身影。

失望的小男孩划着船再一次离开南极,一个人孤独地在大海上漂荡。突然,海鸥叫了起来,顺着海鸥的叫声,小男孩回过头去,发现有个黑影向他漂过来,他用力划着船向黑影迎过去。他的小企鹅,也正坐在那把伞上朝他划过来。

正像作家白落梅所言:"世间所有相遇,都是久别重逢。"再次相见,小男孩紧紧抱着小企鹅,久久不愿松开。这个一直面无表情的小男孩,脸上终于露出开心的笑容。

小男孩打开行李箱,拿出自己的收音机,放到小企鹅身边,小企鹅和小男孩一人划着一支桨,驾着小船往家的方向驶去。

亲子时光

家长	
学生	

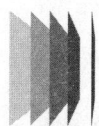 课上交流

1. 为什么小男孩可以很轻松地放下小黄鸭，却为找不到小企鹅而伤心？

2. 说说哪个镜头最打动你。

三个和尚

——众人拾柴火焰高

电影放映厅

　　这部美术片,是著名童话作家包蕾根据民间谚语"一个和尚挑水吃,两个和尚抬水吃,三个和尚没水吃"创作而成的。

　　从前有座山,山下有一条清澈的小河,山顶有座小庙。庙里住进了三个和尚,三个和尚年龄不同,长相不一,却有着共同的品性。

　　第一个到庙里来的是个身穿橘红色袈裟的小和尚。来小庙途中,小和尚被一只乌龟绊倒,他没有怨恨、恼火,见小乌龟四脚朝天,翻不过身来,顿生怜悯之心,帮小乌龟翻过身,让它继续前行。他一个人住在庙里,日出下山挑水,日落打坐念经,他聪明能干,日子倒也过得清静。可是瘦和尚一来,他便耍起小聪明:依靠自己先来的优势让瘦和尚下山挑水,自己不劳而获。正当小和尚高兴得手舞足蹈时,瘦和尚挑过一次水之后也不干了,他要求和小和尚一起去抬水。在往山上抬水时,两个人都想把水桶往对方那边移,谁也不愿吃亏,结果二人中途就吵了起来。怎样才能平均分担水桶的重量呢?小和尚想出用手量的办法,可是小和尚用手量,瘦和尚不同意,而瘦和尚用手量,小和尚也不同意,因为他俩的手不一样大,后来小和尚从怀里掏出事先准备好的尺子,量出扁担中心的位置画上线,二人才把水抬了上去。在三个和尚打坐念经时,小和尚背对瘦和尚和胖和尚,偷偷地掏出食物来吃,缸里没水,他却打起了净瓶中的水的主意。小庙失火时，众人惊慌失措，机警的他首先想到拿起扁担挑水救火。小和尚是影片中出现的第一个人物，他本性善良、聪明伶俐，却又带着些狡黠。

瘦和尚，高高的个儿，长长的脑袋，身穿深蓝色的袈裟，他是第二个到小庙住下的和尚。刚到小庙，他也曾被小和尚派去挑水，很快他就不干了，唯恐小和尚占便宜，自己吃亏，逼迫小和尚和自己一起抬水。虽然瘦和尚是个成年人，可抬水时一点也不肯多付出，发现小和尚"做手脚"，他也寸步不让，与小和尚搞"绝对平均"。待胖和尚在庙里住下后，他和小和尚一起气势汹汹地"派"胖和尚去挑水，并与小和尚、胖和尚一起抢水喝。直到小庙失火，他见小和尚挑着水桶摔倒了，于是一把抢过小和尚的扁担，挑起水桶，就往山下跑。瘦和尚情急之中迸发出前所未有的干劲，和小和尚、胖和尚一起扑灭了大火。这个表情严肃、不苟言笑的瘦和尚，虽不乏聪明与干劲，却不肯多付出一点劳动，最终在小庙失火时才醒悟过来。

影片中第三个到小庙来的是胖和尚。矮矮的胖和尚，腆着个大肚皮，身穿橘黄色袈裟，一路走来风尘仆仆，大汗淋漓，渴得要命。胖和尚来到河边，立刻喝了个痛快，来到山上庙里又自顾拿起水瓢喝起水来，喝完之后，倒头便睡。这引起了瘦和尚的不满。瘦和尚把他揪起来，逼着他去挑水。胖和尚挑水回来，在和小和尚、瘦和尚抢水喝时，竟将水缸举起来，将水缸的水一股脑儿灌进肚里。力大无穷的胖和尚也不肯多出一点力，任凭水缸干了，即便口干舌燥，也不下山挑水，直到大火烧着他们赖以生存的小庙，才和大家一起积极灭火。

三个和尚虽然都很聪明，却又都爱计较得失、使小心眼、推诿责任，竟至"三个和尚没有水喝"。直到经历了一场大火之后，三人才幡然醒悟，团结起来。之后，他们充分发挥集体的智慧，创造性地解决了吃水难的问题，从此大家再也不用到山下挑水了。可以说，影片在当时给人以深刻的启迪，即发扬团结友爱的精神，可以共赢。

亲子时光

家长
学生

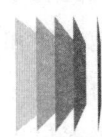 课上交流

1. 从一个和尚到三个和尚,为什么人越多越没有水喝呢?
2. 后来他们为什么不用去挑水也有水喝了?

小狐狸

——信任重于黄金

电影放映厅

　　瘸腿老狼想吃熊爸爸烤的嫩玉米，便用激将法让小狐狸把熊爸爸骗上树。小狐狸为了显示自己有多聪明，走上前对正在烤玉米的熊爸爸说，她要和小熊一起去掏蜂蜜，就在附近那棵树上。听到树上有蜂蜜，熊爸爸让小狐狸帮他看着烤玉米，立即就往树上爬。老狼趁机拿起熊爸爸的烤玉米大吃起来。听到声音，小狐狸回头一看，一下子明白了老狼的险恶用心，气愤地让老狼快把玉米放下，老狼躲闪着不给。熊爸爸以为是他俩抢自己的烤玉米，急忙从树上下来，边跑边气冲冲地指责他们："你们这两个小偷、骗子！"小狐狸哑口无言。老狼一看情况不妙，忙把玉米塞到小狐狸手中，一瘸一拐地溜走了。老狼确实够歹毒的，趁小狐狸没有反应过来，竟栽赃陷害小狐狸。老狼跑了，熊爸爸转过身，骂小狐狸："你这个小偷、骗子！"小狐狸有口难辩，扔下老狼塞给她的玉米转身就跑。

　　很快，小狐狸"偷玉米骗人"的事大家都知道了，小伙伴们都不和她玩。一天，小熊、小兔、小猴、小松鼠在做游戏，看到小狐狸，大家都不和她一起玩，转身走了，只剩下小狐狸孤零零的，她很伤心。

　　小狐狸决心通过自己的努力，消除大家的误解，证明自己不是骗子。

　　一天，小熊在掰玉米，小狐狸上前帮小熊捡玉米。小熊看到正在捡玉米的小狐狸，说："啊！你又来想偷吃我的玉米？"小狐狸希望向小熊解释一下，小熊根本不相信，一把夺过小狐狸手中的玉米，把小狐狸赶走了。小狐狸见无法化解小熊心中的误解，只好伤心地走了。

小狐狸看到小羊掉下了悬崖，她把小羊救了上来，想要把他送回家。这时羊妈妈来了，她认为小狐狸又要做坏事，用坚硬的羊角把小狐狸赶走了。小狐狸热心救助小羊却遭到羊妈妈的误解，受到很不公正的对待，小狐狸感到很伤心，但她没有放弃。

小狐狸过桥时，桥的一头错位滑落，小狐狸差点掉进山涧，她想到别人走到这里也会遭遇危险。于是，她立即返回来想办法修好桥。看到小兔和小松鼠走来，小狐狸热情地向他们打招呼："小松鼠，我把桥修好了，你们快过来吧！"小兔却不相信小狐狸："我宁愿绕道走，也不过这桥。"小狐狸一片好心遭到误解，她备受羞辱，难过地低着头走了。

夜幕降临，小狐狸一个人呆呆地坐在森林中，一想到自己诚心帮助大家，却不被大家理解，依然把自己当作坏蛋，她委屈地哭了。此刻她的信念有些动摇了，她太孤单了，她需要理解，更需要朋友。

正当小狐狸感到委屈、孤独的时候，老狼出现了，他以长辈的口吻热情地向小狐狸打招呼。小狐狸再也控制不住自己，扑到老狼怀里伤心地哭了起来。小狐狸跟老狼来到洞中，老狼热情地请她吃玉米，小狐狸感受到了温暖。吃着吃着，小狐狸感到有点不对劲，上次就是因为玉米上了当，遭到大家的误解，这次又是玉米，她警觉起来，猜测这玉米可能是小熊家的。老狼不以为然："什么小熊、老熊的，他们连理都不理你。"老狼一不小心，自己的椅子翻了过去，地上露出一个洞，小狐狸发现了被老狼抓来藏在洞里的小兔子。老狼让小狐狸去把小羊也抓来，好一起吃上一顿。这时小狐狸才恍然大悟，老狼绝不是自己真正的朋友。她佯装答应老狼的要求，决心想办法救出小兔子。

小狐狸利用老狼让她抓小羊的机会实施拯救小兔子的计划，她先去找熊爸爸，告诉熊爸爸是老狼抓走了小兔子，可是熊爸爸不相信小狐狸，这时小松鼠也来报信，说小兔子不见了，熊爸爸这才相信了小狐狸。为了救出小兔子，他们做了周密的计划。老狼正要准备对小兔子下毒手，小狐狸赶来了,她告诉老狼自己把小羊抓来了。老狼一听高兴极了,拿着刀子就跑出去看。小狐狸机智地从老狼手里骗过刀子,救出了小兔子。老狼看见小羊就急匆匆地奔了过去,小刺猬缩成一个刺球,骨碌碌地滚到老狼的脚底下,老狼一脚踩上去,疼得捂着脚直喊"哎哟"。熊爸爸一脚踩住老狼,然后把他举起来用力往地下一摔。老狼刚爬起来,小松鼠就指挥小猴和小熊拉紧绳套,一下套住了老狼的脚,大家齐心协力,把老狼绑在了树上。

小兔、小熊、小猴、小松鼠和小狐狸又成为好朋友了。熊爸爸情不自禁地称赞小狐狸:"真是个好孩子!"

小狐狸终于重新赢得了大家的信任。为此,她付出了很多。

亲子时光

家长
学生

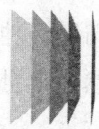 课上交流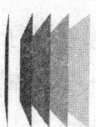

1. 说说因为什么事,小狐狸遭到了大家的误解。
2. 说说小狐狸通过哪些努力,重新赢得了大家的信任。

抬 驴

——做一个有主见的人

电影放映厅

　　祖孙二人牵着毛驴去赶集，路上毛驴捣蛋不肯走，祖孙俩又拉又拽，驴子怎么都不肯走。爷爷愁得蹲在地上抽烟，机灵的孙子想出一个办法：他在鞭子上拴上一个玉米，在前面用鞭杆挑着玉米引着，毛驴十分渴望吃到玉米就紧紧地在后面跟着。爷爷一看，这办法还行，他磕磕烟袋站起身，和他们一起上路。谁知走着走着，那驴竟然瞅准机会，一口逮住那个在它眼前晃动的玉米把它吃了，祖孙俩急忙去追打淘气的毛驴。

　　祖孙二人开始跟在驴的后面，孙子走累了，爷爷背着他继续跟着驴走。对此，一个骑驴人感到十分奇怪，他忍不住笑话祖孙二人："有驴不骑，真是两个傻瓜。"爷爷有点生气，可是转念一想，对呀，有驴不骑，养驴有什么用，背着孙子还出了一头汗，应该骑驴。他马上放下孙子，把驴牵过来，将孙子抱到驴背上。当爷爷的自然心疼孙子，孙子骑驴，爷爷跟在后面走，倒也十分轻快。

　　祖孙俩走着走着，来到一座小山前。山上的亭子里有一位老先生正在读书，忽然他看到有人骑驴走过来，仔细一看，发现骑驴的是一位少年，后面跟着一个蹒跚的老人。爷爷这时显得非常疲惫。对此，老先生大为不满，他急忙下山拦住了骑驴的孙子，大声喝道："站住！你这孩子好没规矩，快给我下来！"说着他一把将孙子从驴上拽下来就打。爷爷看到孙子被打,急忙上前抱住老先生,把他拽到一边,告诉老先生:"有话好好说,别动手啊!"老先生告诉爷爷:"天地之间长者为尊,所以这驴该由你骑。"爷爷极力推辞:"不不不……由我家小孙子骑。"看来讲大道理,这祖孙二人是不明白的,老先生急忙翻开书,寻找新的依据,他翻了一本又一本,终于从一本书上找到一幅绘画,那画上画着一位少年牵着毛驴,一位长者骑在驴上。老先生让祖孙俩看了圣贤图,爷爷连连说:"有道理,有道理,骑驴还得讲究辈分。"说着骑到了驴背上。

祖孙二人就这么走着,来到一个村头,有位老太太正在虔诚地拜佛,忽然她看到一位老人骑着驴在前面走,一个小孩跟跟跄跄地跟在后面,一不小心还摔了跟头。老太太心地善良,心疼地对孙子说:"宝贝,这驴该你骑。"说罢把孙子抱到驴上。对此,爷爷哈哈一笑,从驴上跳下来说:"这也挺有道理。"孙子骑着驴,爷爷跟着走,祖孙又踏上了新的路程。

祖孙俩刚走了一会儿,又被那位老先生看到了,老先生看到孙子仍在骑驴,他严厉批评老太太:"你怎么搞的?"他俩争论了起来,一个力主"该大人骑",一个坚持"该小孩骑"。二老争论,各不相让,结果祖孙俩不知道究竟该听谁的意见好。最后二人都骑到驴背上,毛驴一路走得满身是汗。

毛驴驮着祖孙二人,越走越累,这时一个砍柴人挑了一担柴,正在路上休息,忽然看到祖孙二人同骑一头毛驴,把毛驴累得疲惫不堪,他立即上前抱着毛驴的头,教训爷爷:"哪有庄稼人不爱惜牲口的!你们俩真不像话,如此糟蹋牲口,还让它干活不?"

砍柴人挑着柴走了,爷爷认为他说得也有道理。庄稼人理应爱惜牲口,既然不能累着它,那只能……

集市上汇集着南来北往的人,祖孙俩抬着驴来到集市——他们将驴的四条腿绑住,用一根长木棍抬着走进集市,累得大汗淋漓。祖孙俩在集市上顿时成了一大景观,有人说:"有驴不骑抬着走,这一老一少肯定是疯了。"有人吆喝:"快来看哪,一对大傻瓜!"还有人为是"傻瓜"还是"疯子"争论了起来。

在人们的议论批评声中,祖孙俩跌坐在地上,不知该如何是好。

家长
学生

 课上交流

1. 在祖孙二人牵着毛驴去赶集的途中,受到了哪些人的指点?他们是如何对待的?
2. 祖孙二人最后为什么抬着驴走?

棋逢对手

——一个老人的快乐时光

电影放映厅

欢快的音乐声中,一个西装革履的老人哼着小曲,在公园里摆下一副国际象棋。落座以后,老人戴上老花镜,开始下棋,执白先出。

镜头拉远,原来是老人自己和自己下棋。晚秋,树叶已变黄了,落叶铺在公园的地上,美丽的公园里,空无一人。

老人摘下老花镜,慢慢走到棋盘对面,想也不想快速下出一子,得意地笑着。再走回刚才的座位上,老人戴上老花镜,沉思一下,见招拆招。接着走到对面,快速出手,自得其乐。

戴上眼镜,摘下眼镜,一慢一快,不一会儿,戴眼镜老人的棋子就快被吃光了。面对残局,他假装心脏不好,痛苦地倒在了桌子底下。

待老人摘下眼镜坐到对面后,又得意地笑起来。戴眼镜老人假装趁对面老人看不见,把棋盘双方换过来,自己成了棋盘上占优势的一方,笑意盈盈地吃掉对方的国王,赢下棋局。

没戴眼镜的老人不明白为什么刚才还是领先,怎么忽然就剩下一个棋子了。他伸出手算了几分钟,挠挠头,只好推倒国王认输。在戴眼镜老人的提醒下,他不甘心地从口袋里掏出假牙,放在棋盘上。

戴眼镜的老人得意扬扬地拿过假牙戴上,双手环抱,开心地笑着,露出刚赢过来的洁白的假牙。

镜头再次拉远，老人一个人开心地坐在桌子旁。

这是一部制作精良的动画短片，时长不足五分钟。有人说，老人即使孤身一人，也可以在平淡的生活中找到乐趣，自己和自己下棋，度过一下午的美好时光。

当然，更多人会从中看到老人的孤独和寂寞，没有朋友，甚至没有家人。一个人去公园，一个人回家。但是在整部影片中，我们还是能感受到老人自娱自乐，甚至靠"非常手段"令自己反败为胜的乐趣所在。

亲子时光

家长
学生

 课上交流

1. 你认为这个老人是快乐的还是孤独的，说说你的想法。
2. 谈谈自己最近一次陪家里老人度过了怎样的时光。

九色鹿

——珍爱生命，向善向美

电影放映厅

  九色鹿身上有九种绚丽的颜色，而且有着非凡的神力，能够移山指路，分水救人，会说人的语言。九色鹿平时栖身在茂密的山林之中，经常帮助遇到困难的人。

  一支外国使团骆驼队被困在山坳里，就在走投无路之际，头顶圆形银光的九色鹿出现在他们面前。她体态矫健优美，目光友善，十分温和地说："远道而来的使者，你们迷路了，我给你们带路好吗？"说罢九色鹿踏动前脚，顿时山峰移动，大山分列两边，在群山之间竟闪出一条平坦大路。她把驼队送上大路，并祝愿他们一路平安。

  九色鹿不仅救助人，凡是世间生灵有难，她都会挺身相救。大雪覆盖原野，狂风吹落黄莺的鸟巢，两只小黄莺处境危险，林中的小兔、小鸟又冻又饿，濒临死亡。九色鹿看到这种情景，赶忙把它们聚拢到自己身边，用自己的体温温暖了这些小生灵。如果说九色鹿为使团指路，救助卖药人靠的是非凡的神力，那么救助这些小生命则全靠一片真挚的爱心。当小黄莺的妈妈向九色鹿表示感激时，九色鹿说："不用报答，祝你们幸福。"一群饥饿的小蜜蜂栖息在水中的树枝上，处境十分危险，九色鹿对它们关切地说："你们饿了吧？咱们到无忧无虑的地方去，那里一切都有。"九色鹿叼起树枝，来到一棵大树下，她向春光问好，让花儿快开,一朵朵鲜花随着九色鹿的呼唤竞相开放,争奇斗艳,一群群蜜蜂飞舞在花丛中。九色鹿以纯洁善良赢得了大家的欢迎和信赖,但是大家担心九色鹿救人的事传出去会带来灾祸。九色鹿却认为:"人们总是有良心的,哪能忘恩负义呢?"

一天,九色鹿正在休息,忽然远方传来"救命"的呼叫声。她不顾黄莺的劝阻,毅然前去救人。她跑到水潭边,轻踏前脚,水中波浪翻卷,现出陆地和落入水中的采药人。九色鹿顺着水道,找到采药人并把他背到岸上,轻轻地将他唤醒。

采药人跪谢九色鹿,表示"永生永世不忘救命之恩"。对于九色鹿"不泄露自己行踪"的要求,他对天发誓:"如若泄露,满身生癞,不得好死。"但采药人一看到国王捉拿九色鹿的悬赏布告,顿时心花怒放,"凡禀报九色鹿行踪者,官封一县,金银满斗"。巨大的物质利益使采药人忘记了他当初的誓言,虽然也有过犹豫,但最终还是没抵住巨大的物质诱惑,揭了榜,引领国王卫队前去搜寻九色鹿。

因为找不到九色鹿,采药人又无耻地采取假装呼救的方式准备把九色鹿骗来。听到呼喊声,黄莺再三劝告九色鹿千万不能再管闲事,否则会断送性命。九色鹿认为"有人遇难,怎能见死不救",坚持前往救人。

九色鹿站在水潭边,国王下令瞄准射箭,顿时万箭齐发,只见九色鹿镇定自若,身上呈现出火红的圆形光圈,不断闪出各种绚丽的图案,形成了一个保护圈,国王卫队射出的箭纷纷落地,九色鹿安然无恙。她威严地站在水边,义正词严地昭告世人:"你们听着,我乃鹿王,巡游贵邦,栖身密林,救人于劫难。"她向人们介绍这次因救人被陷害的经过,"一天,我在水中救起一个快要淹死的人,这人现在就站在我的面前。他违背誓言,恩将仇报,真是伤天害理,天地难容!"

面对九色鹿的怒斥,采药人惊恐地后退,再一次掉进水潭。黄莺狠狠啄了几口浮在水面挣扎的采药人,九色鹿望着渐渐沉入水中的采药人,感慨地说:"他终究是葬送了自己的生命。"

面对采药人泯灭人性的行为,她告诫世人:"生命虽然可贵,但卑鄙和邪恶的行径终究要受到惩罚。"听到九色鹿发人深思的忠告,国王和他的卫士们羞愧地低下了头。

亲子时光

家长	
学生	

课上交流

1. 九色鹿会在什么情况下出现？她做了哪些好事？
2. 卖药人两次落水有什么不同？九色鹿是怎样对待他的？其中有什么道理？

我和我的父辈之《乘风》

——乘风破浪，勇往直前

电影放映厅

郁郁葱葱的庄稼地里，骑兵团团长马仁兴正带着战士和老乡们抢收玉米。战马"大掌柜"对自己有救命之恩，因此马团长特别爱惜自己的马，看到儿子乘风骑着自己的马，马仁兴气不打一处来，一脚就把儿子乘风踹到了河里。"你干的那也叫活？那几垄地收了有七成没有？"原来政委派他去跟上级联系了，向政委汇报完毕，马乘风气呼呼地说："你让所有马都下地了，就你这宝贝还闲着，我不骑它我骑什么呀？"说完乘风扭头就走。

有叛徒在博野投敌，日军得到消息准备围歼我军骑兵团。聂司令急令骑兵团停止抢收粮食、破坏路桥等行动，马上突围。接到命令，马团长命令各连自行突围，第二天于子牙河根据地集合。

马团长带着一队士兵路过附近一个小村子，日军刚刚洗劫了这个村子，到处都是被打死的老百姓。在村中戏台子底下的地窖里，马团长他们发现了快要生产的军属大春子和几十个老乡。

马团长正和政委商量着如何带剩下的老乡一起走，一个小男孩拿着一块干粮喊着"娘"朝路边走去，可孩子的母亲已经被日军打死了。

乘风悄悄告诉父亲："大春子男人所在的二十三团在饶阳一战全部牺牲，她男人也牺牲了。"别的马大春子都骑不了，马团长安排大春子骑自己的马跟着队伍一起走。

没走多远，敌机对队伍发起攻击。士兵大个子为保护小女孩，被敌机击中腿部，身受重伤，他从口袋里掏出一封信让马乘风交给自己的家人，话没说完就壮烈牺牲了。

看着老爸细心地照顾跟着大部队的一个小孩，乘风有些不满："从小到大，你什么时候这么照顾过我啊？"马仁兴没回话，让儿子乘风拿中药敷一下脖子上的伤口，免得发炎。乘风有些生气："你总觉得我怕死是吧？"

马仁兴心事重重地说："我只怕你不怕死！你闹着参军那会儿，你娘疯了似的跟我玩命。'你要当岳飞，我管不了你。但我儿，决不能当岳云。'你爹我对得住天下人，我对不住你娘啊。真要死，死我后头，不然，我没脸见你娘。"

因为一直没有政委的消息，乘风自告奋勇带着发报机去找政委。他留下收报机，让部队一旦过河就打信号弹，自己随时发报。

得知日军配上了截获无线电信号的设备，权衡之下，一心想保护儿子的马仁兴命令卫兵给乘风他们打信号弹。部队接连收到乘风发来的消息，政委和黄锐已牺牲。不料乘风发报的地点被日军破获，日军判断信号弹是假位置，直追乘风他们所在的野陈佐村而去。

天刚蒙蒙亮，马仁兴和骑兵队带着乡亲们快速过河转移，大春子也在船上生下了自己的儿子。

日军大部队追了一晚终于追上了乘风他们四人，发现自己上了当。面对日军的重机枪和密集的火力，明知绝无生还的可能，乘风他们依然冒着枪林弹雨奋力冲杀。几个一腔热血的青年，为了保家卫国献出了自己宝贵的生命。

"大掌柜"躲过了日军的枪弹，身上带着乘风的热血跑了回来。看到"大掌柜"独自跑回来，战士们都知道这意味着什么。马仁兴知道儿子已经牺牲，摸了一把马背上的鲜血，一声不吭地走进附近的芦苇荡，跪在地上，止不住地哭泣。

两个月后，马仁兴带着骑兵团静静地埋伏在芦苇地里，准备突袭日军。战斗打响，马仁兴一声令下，骑兵团的战士们挥着马刀，怒吼着冲向日军。

直面日军的炮火，骑兵团的旗手中弹摔下马去，马仁兴接过"冀中骑兵团"的战旗，冒着敌人密集的炮火冲杀过去，不幸肩膀受伤，另一名战士接过战旗继续冲锋。尽管一个又一个战士倒在敌人的机枪下，但战士们还是骑着战马快如闪电般地冲向敌军，有的战士至死还保持着向前冲的姿势。

马仁兴挥着马刀冲进敌军队伍，不断在敌军中砍杀。面对迎面而来的日军大佐，马仁兴一手牵马，一手端着上了刺刀的步枪，亲手刺杀了这个恶贯满盈的侵略者，为儿子报仇雪恨。

1945年9月，抗日战争取得伟大胜利。马仁兴司令带着队伍在村子里修整，村子里的一个小男孩拿着草喂马，马司令抓了一把核桃送给小男孩，原来小男孩就是大春子的儿子。大春子也参了军，她告诉马司令，自己儿子也叫乘风。

马仁兴听到"乘风"，心头一酸，一怔，他抱着孩子，眼前浮现出自己儿子乘风那张阳光帅气的面庞。

在抵抗外敌入侵的峥嵘岁月，无数热血青年乘风破浪，奋勇杀敌，以自己的血肉之躯抵御了敌人的枪林弹雨，让千千万万中国人在这片土地上扬眉吐气，生生不息。

亲子时光

家长
学生

 **课上交流**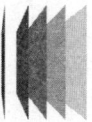

1. 马仁兴为什么跟儿子说"我只怕你不怕死",说说你的感受。
2. 今日中国,有003型航母、歼20、运20,还有东风系列导弹,我国军事科技发展突飞猛进,讨论一下,我们应该如何更好地建设我们的家园。

背起爸爸上学

——什么改变命运

电影放映厅

20世纪80年代末，影片主人公石娃生活在我国甘肃省一个贫穷的小山村，他幼年丧母，与父亲、姐姐相依为命。

到了石娃该上小学、姐姐该上初中的时候了，而家里的经济能力只能供一个孩子念书。为此父亲以转铜勺的方式决定姐弟二人谁上学。旋转的铜勺终于慢慢地停下，勺把指向了石娃。石娃高兴地跳起来，而姐姐却难过地扭过头去，姐姐不得不中途辍学。

从此，石娃带着父亲的嘱托和姐姐的期望去上学，姐姐则回家务农，操持家务。

有一次，天降暴雨，暴雨过后的马莲河河水暴涨，石娃眼看着前边一个打雨伞的小女孩被河水冲走了，吓得他跑回家躲了起来，再也不敢蹚过那条河。后来父亲察觉此事，关上门将他暴打一顿。然而倔强的石娃一声不吭，决不求饶。父亲厉声斥责："你，对得起你姐吗？"石娃这才哇地哭出声来。姐姐辍学他才能念书，石娃逃学对不起姐姐——这是令石娃最内疚的。第二天父亲再送石娃上学，临近马莲河，石娃一会儿说脚上扎刺，一会儿说肚子痛。在父亲的威逼下，他一步步艰难地走向河边，面对滚滚流淌的马莲河，他委屈地哭了。这时父亲走过来，弯下腰，用他那宽阔的肩膀背起石娃蹚过了马莲河。父亲告诫他："河水有涨也有落，学要天天上。""遇到困难不能逃避"，这就是石娃父亲最简单的人生哲学。

时光飞逝，石娃小学毕业来到镇中学读书。冬天，天寒地冻，宿舍里没有任何取暖设施，馒头被冻得硬邦邦的，石娃和他的同学们便会倒一碗热开水泡馍吃。艰苦的环境难不倒"石娃们"，熄灯之后他们仍点起蜡烛刻苦学习。

一天，石娃父亲从拖拉机上摔下，腿受了伤，走路不利索，再也不能跟随乡村乐队外出挣钱，石娃的学费成了问题。当石娃从学校回到家时才知道姐姐已经出嫁。桌上放着一撂钱，那是姐姐嫁人的彩礼，姐姐出嫁的彩礼补上了石娃上学的费用。姐姐出嫁后，石娃开始承担起家庭的重担，和面、蒸馍，一切从头学起。在艰苦环境中成长的石娃，取得了优异的学习成绩，墙壁上逐年增加的奖状记载了石娃的成长历程。石娃刻苦读书，在全国奥林匹克化学竞赛中夺得甘肃赛区一等奖的好成绩。

但意外来得很突然，石娃父亲在一次秋收劳动中不慎摔下山崖，后来又患中风半身不遂，瘫痪在床，生活不能自理。从此，不论烈日当头还是刮风下雨，石娃每天中午都要蹚过马莲河跑回家给父亲做饭、喂药。艰苦的生活磨炼了他的意志，石娃以优异成绩考取了师范学校。石娃父亲断然拒绝了石娃让姐姐照顾他的请求，他对石娃说："你咋有今天，你姐咋嫁人，你比谁都清楚。"他对女儿深感愧疚，更不愿再给女儿增添麻烦。

学校离他们家一百里路，去上学，父亲怎么办？石娃不能丢下生活不能自理的父亲去上学。为此，石娃决定放弃求学，用自己的双手养活父亲。石娃的决定气恼了父亲，他用那只已经没有多少气力的手拍打石娃，逼石娃上学。为了逼石娃上学，半夜里，父亲偷偷起床，跳入蓄水池中，想以结束生命的方式解除石娃的后顾之忧。石娃费尽力气将父亲从蓄水池中救出，面对宁可舍弃生命也要自己上学的父亲，石娃做出了抉择：他托高老师在城里租了一间民房，变卖家里的物件，背起爸爸上学！

清晨，年仅16岁的石娃用架子车拉着父亲进城。父子俩来到马莲河畔，石娃俯下身子背起父亲，迎着灿烂的朝阳走向马莲河的对岸。

在人生的舞台上，退缩很容易，但终究退无可退。面对困境，石娃本可以放弃学业回家务农，或在当地做个小生意养家糊口，照顾父亲，然而他没有那样做。坚强和坚持终将赢得更多的支持，石娃带着瘫痪的爸爸去上学，社会中的好心人以及他的老师和同学都尽可能地帮助他，与他一起共渡难关。

亲子时光

家长	
学生	

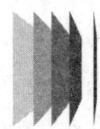 课上交流

1. 假如石娃弃学回家，他可能会过着什么样的生活？
2. 影片中哪个镜头让你念念不忘，说说你的感受。

奇迹男孩

——一个人的善举将万古流芳

电影放映厅

主人公奥吉患有"下颌骨颅面发育不全症",面部先天畸形,为了维持生命,到10岁那年,奥吉前后做了27次手术。和别的小孩一样,他喜欢吃冰激凌,骑自行车,打游戏。当然,由于长相异于常人,他更喜欢万圣节,因为这天他可以很自然地把自己隐藏起来。

因为奥吉面部畸形,妈妈怕他在外面会受到伤害,所以从奥吉出生起她就辞职在家照顾他,教他学习。

风雨再大,奥吉也要学会独立面对这个世界。到了该上中学的年龄,妈妈决定要送奥吉去学校上学。布朗老师每月都会给学生们讲解一条自己选的箴言,开学第一天,他给学生们的建议是:如果要在正确和善良中做出选择,请选择善良。

成长总是需要一些不幸来磨砺,生活也不总是温情脉脉。第一天放学,一走出校门,奥吉便生气地夺过头盔并戴上,甚至晚上吃饭的时候也戴着头盔。妈妈一问,他就生气地回到自己房间。跟着奥吉来到他的房间,妈妈告诉他,离开餐桌是不礼貌的,然后帮奥吉摘下头盔,很耐心地听奥吉抱怨着他今天的遭遇。身为奥吉的父母,最大的责任不是永远保护孩子,而是帮助孩子成长。他们一直努力让孩子学会正视自己的特殊,并且可以用另一种方式来看待这个问题。

奥吉在最喜欢的万圣节扮成鬼脸来到教室，无意中听到杰克跟朱利安说如果自己脸部畸形早就自杀了，自己是因为校长的安排才和奥吉做朋友。感到受了欺骗的奥吉掉头就走，回到家就躲在房间里。善解人意的姐姐维娅放下自己内心的不快，劝奥吉说，自己最要好的朋友米兰达参加暑期夏令营后就不再和自己联系了，人是会变的，"如果想当一个正常的孩子，就得学会接受现实"。

看到奥吉和杰克闹别扭，杰克不再和奥吉一起吃饭，仗义的女生莎莫来到奥吉的身边，陪他一起吃饭。但敏感的奥吉以为莎莫也是校长安排来的，这让莎莫很不高兴，她直言不讳地告诉奥吉："你这样说话很伤人。"随后，了解了真相的奥吉和莎莫成了好朋友。

布朗老师给同学们讲解的第二条箴言是刻在古埃及坟墓墙壁上的一句话："一个人的善举将万古流芳。"即使再微小的善举，也会让受助者心中温暖很久，这样的温暖会像水波一样，传递给更多人。

杰克从莎莫那里得知，自己在万圣节跟朱利安的对话深深地伤害了奥吉，于是在科学课上主动表示愿意和奥吉组成一个组来做科学创意作品。下课后，朱利安找到杰克，嘲笑他和一个怪物一组。为了保护自己的朋友，忍无可忍的杰克冒着可能被学校开除的危险挥拳打了朱利安。

对于此事，图什曼校长的宽容凸显了一个教育家的智慧。他相信每件事都有两面性：虽然殴打同学的行为不符合校规，但友情是值得捍卫的。他给了杰克停课两天的惩戒，但为他保留了奖学金。

因为在科学创意作品比赛上输给了奥吉，朱利安更加过分地攻击奥吉，他在奥吉的橱子上贴上涂掉了奥吉的班级合照，还写上"不准有怪胎""帮大家个忙，去死吧"之类非常恶毒的语言。奥吉虽然生气，但已经不会被打倒了。朱利安的行为严重违反了学校的价值观，图什曼校长让他停课两天反省自己的错误。尽管朱利安的父母以不再给学校赞助来威胁校长，但他根本不为所动，反而告诉他们："奥吉改变不了他的相貌，也许我们可以改变我们的眼光。"

影片的最后，即使知道头盔在爸爸的书房里，奥吉也不需要再戴上它了，他终归要勇敢地面对这个世界，即使环境依然残酷。

毕业典礼上，图什曼校长把学校年度最重要的一个奖项"亨利·沃德·比彻奖章"授予了奥吉。"所有伟大的人都会将自己的魅力化作力量，影响周围的人"，奥吉担得起这个奖励。

亲子时光

家长
学生

 ## 课上交流

1. 有人说过这样一句话："我不感谢苦难，我只想感谢让我有勇气面对苦难的人。"说说你对这句话的理解。

2. 电影从不同人物的视角呈现了不同人物的境遇，主人公奥吉天生不幸，姐姐维娅不得不面对父母整天围着奥吉转的生活；米兰达不愿住在家里；杰克从小就要学会与生活妥协；家境很好的朱利安也得离开好朋友，转去别的学校。换一个视角，说说你对生活的理解。

一个都不能少

——守护承诺

电影放映厅

高老师因母亲病重需要请一个月假,但水泉小学只有他一位教师,他一走学校就得停课。由于村里只能出 50 元钱的代课费,没有一个初中生或高中生愿意当代课教师,除了只有小学毕业、年仅 13 岁的魏敏芝答应到水泉小学担任代课教师。

虽然高老师很不满意,也不同意让魏敏芝代课,然而田村长认为让魏敏芝任代课教师,只要能"看住"学生,对付一个月,等高老师回来就行了。高老师临走之前耐心地向魏敏芝交代工作,临走时再次叮嘱魏敏芝:"你只要把学生看住、看好,等我回来一个不少,我再给你加 10 块钱工资。"

虽然勉强接过了高老师的工作,但魏敏芝并不知道怎样当老师,上课时间到了,学生还在教室外面玩。田村长帮她敲钟组织学生升国旗、唱国歌,并向学生介绍新来的代课老师,让魏敏芝开始上课。魏敏芝按照高老师的要求在黑板上抄好课文,然后她就坐在教室门口,看住学生,谁也不准出去。张慧科在教室里捣乱,学习委员张明仙让她管管,但魏敏芝不知道该怎样管这个调皮捣蛋的学生,直到张慧科弄倒教桌,把高老师留下的粉笔都摔断了,魏敏芝这才开始管张慧科。她生气地把他拽到黑板前,拉扯之中将掉在地上的粉笔踩碎了,张明仙心疼得直掉眼泪。

尽管魏敏芝不懂教育教学工作，但她执着甚至固执地信守"看住学生""一个不能少"的承诺，并以此作为自己的工作职责。她在黑板上抄完课文之后，便坐在教室门口，学生不会抄课文也要坐到位子上，谁也不准出去。张慧科要小便，也被她追到厕所看着。明新红怕尿床，每天晚上都要出去跑十几里，时间长了，竟练出很好的长跑能力。县体校的张老师经过测试，决定录取她到县体校学习。对此，魏敏芝极力反对，理由是高老师说过，"班里的学生一个也不能少"。田村长告诉她这是县里选拔人才，是好机会，不能阻挠，但魏敏芝十分固执。第二天，县体校的老师来接明新红的时候，魏敏芝竟将明新红藏了起来，任凭田村长吓唬、逼迫甚至以"开除"相威胁，魏敏芝都拒绝交出明新红，最后田村长略施小技"收买"了张慧科，将明新红带上县体校的吉普车悄悄地走了。

　　魏敏芝发现后，不顾一切地追赶，最终还是没能拦住汽车。田村长倒有点欣赏魏敏芝的倔强性格，认为这样能看住孩子，现在看孩子比教孩子难。

　　张慧科抢到张明仙的日记，并向魏敏芝报告，说张明仙在日记中说她的坏话，她便让张慧科念日记。日记写的是魏敏芝与张慧科在教室里拉扯把粉笔踩碎的事，日记中批评魏敏芝不像高老师那样爱惜粉笔，并记述了高老师用粉笔头写字的细节。魏敏芝和张慧科都被日记内容深深感动了。张明仙却十分委屈，伤心地掉下了眼泪。

　　魏敏芝在工作中逐渐有了当老师的感觉，她让张明仙给她抄点名册，第二天上课便开始点名，管理学生。张慧科辍学后，魏敏芝通过家访了解了张慧科的家庭情况，原来张慧科的母亲卧病在床，父亲早已去世，家里欠人家好几千块钱，只好让他辍学到城里打工去了。

　　为了实现"一个不能少"的承诺，魏敏芝找到田村长要求找回张慧科，被田村长拒绝，最后魏敏芝要求预支她的代课费，但田村长没有钱，而且田村长也不放心让她一个人去找。

　　为了筹钱买车票到城里找张慧科，有学生建议到砖厂搬砖挣钱，魏敏芝当即带领全班同学到砖厂搬砖。闻讯赶来的厂长不仅不给钱，还嫌他们把砖坯弄坏了。后来厂长看在他们帮助同学的份儿上，给了他们15块钱。可等魏敏芝和学生们到车站买票时，才发现钱远远不够。

　　在同学们的掩护下，魏敏芝顺利地混上了公共汽车，但令她没有想到的是，汽车开出不久，售票员查票将她赶下了车。魏敏芝只好沿着公路走了一天一夜。天亮之后，魏敏芝找到了张慧科打工的地方却发现张慧科两天前就走了。后来有位乘客给她出了一个主意——上电视。魏敏芝打听了一路，终于找到了电视台，可一直问到天黑，也没有找到台长。疲惫的魏敏芝露宿街头，直到太阳出来了还没睡醒。后来，台长接待了魏敏芝，还专门安排一位编导来策划如何找人。编导安排魏敏芝到《生活七彩桥》节目做嘉宾。"讲讲山区教育情况"，再把"找学生的事讲一讲"，在主持人的启发下，魏敏芝的眼泪夺眶而出。她抹去眼泪，动情地说："张慧科，你跑到哪去了，我都找你三天了，你都把我急死了，你怎么还不回来呀？"第二天电视节目重播时，正在一家饭店里刷碗的张慧科终于看到了电视上魏敏芝那段动情的话，他感动得流下了眼泪。

　　这期《生活七彩桥》节目的播出，在社会上引起很大反响，热心的人们纷纷捐款、捐物。电视台用汽车将魏敏芝和张慧科以及社会各界捐赠的物品送到了水泉小学。

　　魏敏芝所有的努力终于有了回报：用赞助款还清债务的张慧科重新回到学校读书；明新红参加了地区青少年运动会，获得女子少年组5000米第一名；水泉村用赞助款盖起了新校舍，学校改名为"水泉希望小学"。一个月过去了，魏敏芝终于完成了"看住学生""一个也不能少"的承诺，并通过自己的努力让外界了解到山区教育的艰难状况，社会各界的捐助彻底改变了学校的面貌，也改变了这些学生的命运。

亲子时光

家长
学生

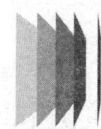 课上交流

1. 村民会不会接受魏敏芝当孩子的老师？
2. 接受教育是否能改变命运？跟同学和父母探讨一下。

雷 锋

——永远的雷锋精神

电影放映厅

故事片《雷锋》以朴素的纪实手法叙述了雷锋同志全心全意为人民服务的事迹,再现了雷锋同志助人为乐、无私奉献的崇高形象,热情讴歌了雷锋用生命光辉铸造的雷锋精神。今天,雷锋精神已成为衡量社会道德的准则,成为广泛传播的社会道德风范。

黑暗的旧社会,幼年的雷锋经历了与至亲的生死离别,不幸成为一名孤儿。中华人民共和国成立后,在党和政府的关怀下,雷锋上了学,参加了工作,成为一名光荣的解放军战士。新旧社会的强烈对比,朴素的阶级感情为雷锋奠定了良好的思想基础,他由衷地热爱党,热爱新中国。

入伍初期,雷锋听到国民党要窜犯大陆时,按捺不住心头的怒火,强烈要求到前线参战,要为亲人报仇,决不允许反动派破坏社会主义建设,破坏人民的幸福生活。雷锋的申请并未得到批准,指导员耐心细致地与雷锋促膝谈心,共同探讨、学习毛主席《为人民服务》这篇文章的精神,循循善诱地引导雷锋,使雷锋恍然大悟,他认识到"党和人民需要我做黄继光,我就去堵枪眼;党和人民需要我做张思德,我就去烧木炭。不管在什么岗位上,我都要尽一切力量,想一切办法去为人民服务"。从此雷锋如饥似渴地学习毛主席著作,写下了大量的读书笔记。

雷锋从思想上摆正了个人与集体、个人与社会的关系。他把个人在集体中的作用比作一台机器上的螺丝钉——一个人只有在集体中才能充分发挥自己的作用,离开了集体,就不能充分实现个人的价值。他刻苦钻研业务,精心护理车辆,带领全班努力学习,出色地完成了任务,是一个优秀的班长。在个人与社会的关系上,雷锋深深地懂得:"人民的困难就是我的困难,帮助人民克服困难,是我应尽的责任。"人民的利益高于一切,帮助人民克服困难,全心全意为人民服务,成为雷锋义不容辞的责任和自觉的行动。他在日记中对人生的意义和目的做出了自己的判断,"人的生命是有限的,可是为人民服务是无限的,我要把有限的生命投入到无限的为人民服务之中去"。

雷锋感冒去卫生队看病,路过万花路小学建筑工地,因工地人手紧张,砖块一时供应不上,影响了工程进度。他主动推起小车参加义务劳动,与工人们一起开展劳动竞赛,大大提高了劳动效率,及时解决了建筑工地运砖的困难。劳累了一天的雷锋悄然归队,连姓名也不肯留下。

从建筑工地归队时大雨倾盆,雷锋看到一位老大娘领着一个孩子步履蹒跚地艰难行进,便想:这样的雨夜,泥泞的道路,这祖孙俩何时才能到家?雷锋急忙上前关切地询问大娘,得知大娘还有20里路才能到家,她的去向与自己归队的方向正好相反。送大娘回家,必然耽误归队。这时雷锋还没吃晚饭,劳动后十分疲劳,他多么希望尽快赶回部队,好好休息一下啊!然而,此时此刻大娘和他的孙子处于困境之中急需帮助。雷锋毅然放弃了归队,背起孩子,搀扶着大娘,冒着大雨将祖孙俩送到家。浑身湿透的雷锋连门也没进,水也没喝一口,甚至不等大娘和她的亲人表达谢意,便匆匆踏上归程。回部队时已是深夜,雷锋尽管劳累饥饿、浑身湿冷,却由衷地感到欣慰和快乐。

雷锋得知战友王大力的家乡发生了水灾,母亲又生了病,知道战友肯定会遇到经济困难。战友情同手足,雷锋悄悄地以"您的儿子"的名义给王大力的母亲寄去20元钱,战友母亲不仅得到了经济上的援助,精神上也得到支持和鼓舞。

辽阳遭受洪水灾害,雷锋奉命将救灾物资送到公社去,他把平时积攒起来的100元钱悄悄地放在公社的办公桌上,支援灾区人民战胜洪水灾害。在公社驻地，梁主任发现雷锋捐助的 100 元钱和他遗失的那双袜子，梁主任惊讶地问："你就穿着这样的袜子却捐出 100 块钱？"雷锋真诚地说："党和人民就是我的父母，人民公社就是我的家。首长你就收下吧，哪有母亲不收下儿子的一片心意的？"梁主任感动地收下捐款，也要求留下那双千缝万补的袜子，"这是一笔巨大的精神财富"。

雷锋在行车途中遇到一辆抛锚的公共汽车，车上的旅客在焦急地等待着司机师傅修车。雷锋问明情况立即将自己车上备用的轮胎借给客车司机，既为司机师傅解了燃眉之急，也解除了旅客的焦急情绪。

雷锋助人为乐，更坚持原则。战友王大力为了练技术，私自将车开到坎坷泥泞的道路上，结果车陷到泥坑里。王大力请求雷锋不要向上级反映，但雷锋坚持原则，让他自己向上级承认错误。助人为乐绝不是当是非善恶不分的老好人，只有坚持鲜明的是非标准，才能沿着正确的方向服务他人、奉献社会，才能形成良好的社会风气。

生活中的雷锋坚持废物利用，注意收集生活中有用的东西，哪怕是一颗旧螺丝钉也要捡起来。雷锋出车三天，没带回什么好吃的，却捡回一包废旧零件。在生活方面，雷锋节俭得近乎苛刻，参加球赛之后，雷锋热得大汗淋漓，战友王大力为他买汽水解渴，他却坚持喝自己的白开水，能够节省的钱决不乱花一分。旧的生活物品只要能用就决不换新的，雷锋那双袜子缝了又缝，补了又补，仍舍不得扔掉。他深知当时国家正处在困难时期，自己在生活中节俭一些，才能更好地支援国家建设。

如今，我们的生活环境和物质条件相比雷锋生活的时代有了很大不同，但从精神条件方面来看，雷锋的思想言行所体现出的真善美，值得我们永远学习。

亲子时光

家长
学生

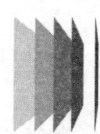 课上交流

1. 说说雷锋做的哪件事让你印象深刻。
2. 在生活中怎么做才能更好地学雷锋？和大家分享一下你的观点吧。

疯狂原始人

——先是不死,然后活着

电影放映厅

穴居人咕噜一家在老爸瓜哥的带领下生活,靠每天抢鸵鸟蛋维生,在山洞里过着一成不变的生活。地震来袭,他们被迫走出山洞,在智人阿盖的帮助下,他们走过迷宫、逃离焦油、飞越峡谷,开始了新的生活。

电影开始,瓜哥一家去寻找食物,与许多动物搏杀一番后,他们好不容易抢到了鸵鸟蛋,但被儿子坦克不小心摔裂了,于是爸爸瓜哥让孩子和老人先喝,他最后只喝到了一滴,却表示"没关系,我上星期吃过了"。

夜幕降临,瓜哥让全家人回到山洞里,他总是在睡前讲一个故事,故事的结局都是一样的,那就是主人公因为冒险最后都死了。瓜哥告诉孩子们:新东西都是坏的,山洞是安全的,夜晚是危险的。瓜哥的做法成功地保护了家人,就像小伊在影片开头说的:"我们一家能活下来,全靠我爸爸。"

但女儿小伊却向往冒险和阳光,渴望走出山洞。一天晚上,这个充满好奇心的女孩儿被一束光吸引,从山洞走进黑夜,然后她发现了一个像太阳一样神奇的东西和一个名叫阿盖的男孩。阿盖告诉小伊,世界要毁灭了,他们必须到另外一座高山上去。

世界末日果真像阿盖所说的一样来临了,咕噜一家藏身的山洞被地震震塌了,他们只好上路去寻找新的山洞。

在食肉鸟即将吃掉咕噜一家的危急时刻，小伊不顾危险吹响号角，阿盖及时赶到，用火救了咕噜一家。在瓜哥带着家人和阿盖寻找新山洞的路上，阿盖第一次让他们吃到了足够的食物，还教会了咕噜一家穿鞋子走路，用雨伞避雨。和瓜哥讲的结局永远都是"死亡"相比，阿盖讲的故事虽然过程艰险，但总能看到希望，令人向往。

在一个迷宫一样的石头阵中，当咕噜家族的其他成员都按照自己的方式找到出路的时候，只有爸爸瓜哥一个人还在不停地绕圈子，怎么也走不出那个迷宫。最终他绝望地吹响了海螺，妈妈把他带了出来，大家也不再喜欢听瓜哥的故事，这让瓜哥备受打击。

走出迷宫的晚上，阿盖带咕噜一家爬上树冠。在树冠上，阿盖吹熄火把，他们看到的不再是黑漆漆的洞穴，而是漫天繁星和一道靓丽的银河。对于从来没有在夜晚走出山洞的咕噜家族来说，这样美丽的夜景是他们有生以来从未见到过的，这也让咕噜家族坚定了跟着阿盖走的决心。

自己的点子一个也不成功，女儿抱怨过去的生活不是活着，而是没有死掉，连儿子坦克都表示要跟着阿盖走，这让瓜哥恼羞成怒。瓜哥追赶阿盖的时候不小心和阿盖一起掉进了焦油中。在交流中，瓜哥了解到阿盖的父母就是掉进焦油中死去的，他接纳了阿盖，鼓励阿盖想出点子才能出去，才能保护家人。最终阿盖的点子让自己和瓜哥成功地逃离焦油。

他们继续上路，眼看就要追着太阳来到新世界，地面忽然塌陷形成一条大峡谷把他们挡住了。此时大家都非常惊恐地想找个山洞躲起来，瓜哥却坚定地表示，"不要黑暗，不要躲藏，不要山洞，我们要追随光明"。瓜哥用尽全力把阿盖和家人一个接一个抛到对岸。在大家都准备放弃的时候，正是瓜哥的坚持，创造了生机和希望。

把大家抛到对岸以后，瓜哥自己只能暂时躲到山洞里。地震越来越强烈了，瓜哥似乎听到了对岸女儿小伊吹的号角，他的第一反应还是要帮助女儿。他开始逼着自己改变，逼着自己想出新点子。他使劲用手拍打着脑袋问自己"阿盖会怎么做"，又自言自语道："我会怎么做？"

情急之中，瓜哥想出了他这一生中最冒险也最有创意的一个点子：

他找到那个被食肉鸟吃掉的鲸鱼骨架，在上面涂上焦油，食肉鸟被粘到骨架上，最后瓜哥像骑着太阳一样飞到对岸，逃亡途中瓜哥还把一些小动物也一一救了上来。最终，大家找到了一片新天地，幸福快乐地生活在一起。

每一个保守、严厉甚至武断的父亲心中都有一份对家人深沉的爱，很多时候他并不擅长表达爱意，也会因为忙于生活忘了告诉你他有多爱你。但是，永远不要忘记父亲的爱是不打折扣的，尽管他很多时候显得不讲道理，但他会为了保护家人贡献一切。

亲子时光

家长	
学生	

 课上交流

1. 你最喜欢影片中哪个角色，说说你的看法。
2. 瓜哥和阿盖是如何和解的？这对你建立良好的人际关系有什么启发？

小兵张嘎
——自古英雄出少年

电影放映厅

电影《小兵张嘎》是一部抗日战争题材的经典儿童故事片。影片叙述了抗日战争期间，冀中平原白洋淀水乡儿童张嘎由一名普通的农村少年到八路军小英雄的成长历程。嘎子的形象，深深地感染和影响着一代又一代的青少年，成为广大青少年的好伙伴、好朋友。

嘎子生活在风景如画的白洋淀附近的一个叫"鬼不灵"的村子里。他上墙爬树，潜水逮鱼，无所不能。一天深夜，袭击日军炮楼的钟连长负了伤倒在船上，正在捕鱼的嘎子勇敢地潜入水中，将小船推进芦苇荡中把钟连长救了出来。钟连长负伤后住在嘎子家里，得到嘎子奶奶的精心护理和照料。嘎子亲切地称呼钟连长"老钟叔"。嘎子到湖里逮了一条大鱼，想给老钟叔改善生活。他兴致勃勃地向老钟叔讲述他抓鱼的情景，抬起他那沾满泥巴的大脚丫乱晃，又在脸盆里哗啦哗啦地洗脸，还"喵呜，喵呜"地学猫叫。嘎子可喜欢老钟叔啦，他缠着老钟叔讲抗日故事，拿着老钟叔给他削的小木枪，让老钟叔举手"投降"，这就是我们顽皮淘气、活泼可爱的嘎子。

一次日军突然包围了"鬼不灵"村，将乡亲们赶到祠堂大院，逼着乡亲们说出谁是八路，不说就杀光全村人。奶奶惨遭日军毒打也坚决不说，凶狠的日军向奶奶举起了屠刀。在这危急关头，钟连长挺身而出，保护了乡亲们。八路军与老百姓这种生死相依、血肉相连的关系，在嘎子心里留下了深深的烙印。老钟叔被日军抓走了，奶奶也惨遭杀害，嘎子成了孤儿。怀着为奶奶和老钟叔报仇的强烈信念，他踏上了寻找八路军的路途。途中，嘎子遇到一个汉奸模样的人，他打心里憎恨这些为虎作伥的汉奸。经过细心观察，嘎子决定采取行动，他抓住那人停下自行车走进饭馆的机会，扎破了他的自行车轮胎，又趁他打气时，冷不防用老钟叔给他削的小木枪顶住那人的腰部，大吼一声："不许动！打死你这汉奸！"多么聪明勇敢的嘎子呀！他要像侦察英雄罗金保叔叔那样空手缴敌人的枪，不想此人正是罗金保，勇敢的嘎子终于找到自己的亲人，成为一名小侦察员。

嘎子参军后第一次执行任务是与罗金保叔叔扮作瓜农去抓俘虏。当胖翻译蛮横地吃西瓜时，罗金保叔叔一使眼色，嘎子立即把西瓜扣到胖翻译头上，掏出小木枪，缴了胖翻译的枪，嘎子首次执行任务就表现得机智勇敢。经过区队长的严肃教育，胖翻译迷途知返，答应回去为八路军做事，但需要把枪还给他。区队长反复动员嘎子把枪交出来，嘎子却执意不肯，他要用这支真枪给奶奶和老钟叔报仇。正像区队长所说："报仇要靠大家伙儿，你一个人扛上门大炮也不顶用。"对一时想不通的嘎子，区队长只好下命令，嘎子气呼呼地哭着交出了手枪。此时的嘎子还缺乏纪律观念，不能自觉遵守八路军"一切缴获要归公"的纪律要求。

胖墩要用一挂鞭换嘎子的小木枪，嘎子不肯，就打算和他摔跤赌小木枪和鞭炮。身强力壮的胖墩赢了第一盘，嘎子憋足劲要赢第二盘，可是胖墩毫不示弱，眼看第二盘又要输了，缴获的真枪刚上缴，又要输掉老钟叔给的小木枪，嘎子急了，咬了胖墩一口。这一行为受到老满叔和小伙伴们的批评。本来就一肚子气的嘎子受到奚落后更加气恼。嘎子爬上房顶，顺着扑面而来的炊烟，看到老满叔和胖墩正在烧火做饭。嘎子眉头一皱，想出个捉弄父子俩的主意，他顺手抓起一把柴草，将胖墩家的烟囱堵上，呛得父子俩直咳嗽。嘎子受到区队长的严肃批评。区队长告诉嘎子，逞强好胜不是八路军战士的本色，他该反省了。

然而紧张的战斗生活，没有给嘎子留下反省的时间，一场伏击战又打响了，战斗中嘎子盯住一个逃跑的伪军官，勇敢地冲上去，把伪军官摁到水里，制服了伪军官，又缴了一支手枪。然而这次嘎子把枪藏了起来，这一举动也意味着，他还没有从根本上认识到自己的错误。

嘎子在伏击战中负了伤，区队长安排他在荷花湾杨大妈家养伤。杨大妈一家的精心照顾，让嘎子充分体会到军民鱼水情。没等伤好，嘎子就悄悄辞别杨大妈去追赶部队了。临行前，嘎子给杨大妈打扫了院子，把水缸的水挑得满满的，留下菜钱和粮票，还留下了纸条，讲明了自己的去向。嘎子就像老八路那样自觉维护着军民鱼水关系。

在归队途中，嘎子被两名伪军追赶，他藏到老满叔家。老满叔和胖墩为了掩护嘎子遭到伪军的毒打，危急时刻，嘎子像老钟叔那样挺身而出，大喝一声："我就是你们要找的八路军，跟他们没关系。"

嘎子被日军抓进炮楼，敌人逼他、打他、引诱他，他都毫不屈服，机智勇敢地和敌人展开斗争。一天夜里，区队长带领部队攻打日军炮楼，但在攻打中心炮楼时遭到敌人猛烈火力的阻击。关在炮楼里的嘎子机智地消灭了看守他的伪军，然后脱下自己的小褂，拽下油灯敲碎，把浸满油的衣服点着，又从外面抱来柴草，让火越烧越旺。熊熊大火把炮楼烧着了，嘎子配合部队消灭了敌人。嘎子在部队攻打炮楼受阻时，主动参加战斗，与部队里应外合攻下了炮楼。

嘎子在这次战斗中立了大功，在祝捷大会上，嘎子惭愧地向区队长承认错误，主动上缴了藏在乌鸦窝里的手枪。

影片着力表现了嘎子的成长历程，在部队的教育和培养下，嘎子经受了锻炼和考验，由一名普通的农家少年成长为一名八路军战士、一名抗日小英雄。

张嘎的原型就是冀中平原白洋淀雁翎队侦察员赵波，一位当年在白洋淀让日军闻风丧胆的传奇人物。他年纪小，胆量大，人又机灵，更有头脑，立功无数。电影里端炮楼、打敌船、杀汉奸、点着小褂子烧敌人碉堡、捉胖翻译官、抢敌人的枪等情节，都是根据真实事迹改编的。

亲子时光

家长
学生

 课上交流

1. 你最喜欢嘎子的哪一个特点，说说你的观点。
2. 哪个镜头让你印象最深，和同学交流一下吧。

红河谷

——雪域高原，红河绝恋

电影放映厅

《红河谷》是一部让人难以忘记的电影。这部气势恢宏的电影是以英军入侵西藏为历史背景，以藏族人民英勇抗击侵略军为主要内容，表现了藏族人民英勇不屈的民族精神，讴歌了中华民族大团结的主题。

影片开始，老阿妈背着刚满周岁的小孙子，摇着转经筒去喇嘛寺给孙子祈福。老人缓慢地讲着雪山女神珠穆朗玛的故事，声音仿佛穿过古老的岁月，回荡在天空。

一声枪响，两个穿着大红衣服的女人被扛了过来，手脚被绑着，镜头掠过被绑在竹排上的牛羊。"开祭——"，烧香，上香。强壮的男人抡起斧子砍断绳子，把竹排上的牛掀到波涛滚滚的河水中，羊也和其中一个女人以同样的方式被送进了奔涌的水流中。"来世，做猪，做狗，也不再做女人"，另一个女人绝望地讲出这一番话。千钧一发之际，哥哥带着几个壮士挟持着族长救下了自己的妹妹。被追捕的女人在颤巍巍的吊桥上，看着拿着枪追过来的族人，断然斩断了桥绳，和他们一起掉进了桥下的江水中。

落入水中的女人被祈福的老阿妈救了，看着远处的落日，女人告诉老阿妈，"我叫雪儿"。老阿妈的儿子格桑是一个健硕魁梧的康巴汉子，他教雪儿骑马，和雪儿一起长跪祈福。

最初的平静在琼斯跟罗克曼进入雪山的时候开始被打破。打着用西方文明拯救西藏名义的罗克曼与对雪山充满崇拜的琼斯带着军队来到西藏，作为给救命恩人的礼物，罗克曼把自己的打火机送给了格桑。这个打火机最后一次出现，是格桑用它结束了这场战火：他用打火机点燃了油，与英军同归于尽。

影片中的一些细节也能很好地表现主题。空旷的战场上，一阵歌声突然划破了天际。丹珠穿着白色衣服站在山顶上，悲怆地唱着古老的歌谣。当丹珠唱起这首藏族歌谣时，所有的藏族同胞都跟着唱了起来，他们拿着土枪长矛面对装备着机枪大炮的入侵者，不屈地唱着那些融化在血液里的歌谣，无惧死亡。

丹珠被英军紧绑着双臂，面对死亡，作为头人的女儿，她宁愿死在枪下也不愿被英军凌辱。最后关头，她引燃弹药与周围的英军同归于尽，古老的歌谣消失在同胞与英军震天的厮杀声中。

演员宁静在片中扮演的丹珠善良洒脱，她与英军同归于尽的一幕深深地震撼了观众。她唱着藏歌，既昭示着自己将要随风而去，又号召自己的同胞团结起来共同抗击外敌。丹珠用轻蔑的眼神和无畏的笑容，在巨大的爆炸声中保全了自己的灵魂，更捍卫了民族的尊严。

片尾，一位藏族老阿婆用苍老的声音重述着西藏的古老神话：山神生了三个相亲相爱的儿子，一个叫黄河，一个叫长江，最小的弟弟叫雅鲁藏布江。三条河是不可分离的，他们共同孕育了伟大的中华民族。

创造不同文明的人们都深爱着脚下的那片土地，不同文明之间想要互相了解，须建立在平等的基础上、以平等和善的方式沟通交流，否则势必会引发一场灾难。

亲子时光

家长	
学生	

 课上交流

1. 两种不同的文明如何实现更好的沟通，征服与消灭还是融合与引领，说说你的观点。

2. 中国历史中不乏著名的民族英雄，他们骄傲地热爱着脚下的土地和身边的族人。说说你所了解的历史中的民族英雄吧。

亲爱的

——离家的路有千万条,回家的路只有一条

电影放映厅

这是一部反映拐卖儿童,折射沉重社会问题的电影。父母为孩子的丢失悲痛欲绝,失子之痛与寻子不得的剧情贯穿影片始终。

田文军在深圳开了一家网吧,2009年7月18日下午,他在店里照看生意。妻子把鹏鹏送到网吧,就开车走了。

鹏鹏和爸爸正在店里玩游戏,几个小青年打了起来。田文军赶紧让鹏鹏跟着小朋友到外面去玩,把打架的几个小青年赶了出去,收拾桌椅和扯下来的电线。在幼儿园门口,鹏鹏看着有辆车像是妈妈开的车,跟着车跑远了。在一个胡同口,一个男人抱起鹏鹏就走了。

收拾完店里的东西,田文军才想起去找鹏鹏。和鹏鹏一起玩的小朋友都说不知道他去哪儿了。田文军急了,抓起电话报警,派出所回复24小时内失踪人口不立案。听说鹏鹏找不到了,亲朋好友都帮着四处寻找。

第二天派出所调出监控,发现田鹏7点48分出现在罗湖火车站门口,而田文军则是7点40分赶到的火车站,田文军和孩子擦肩而过。

到处都找不到孩子,田文军在网上发布了一则寻子视频,介绍完孩子的基本情况,他顿了顿,带着哭腔说:"如果有人买了我的儿子,他吃桃子过敏,千万不要给他吃桃子。"

寻子视频播出后,不断有人打电话过来,有些人名为提供信息,实

则骗他汇款。一次次寻找,一次次被骗,田文军结束网吧的生意,踏上寻找孩子的路途。

一天,田文军带妻子鲁晓娟来到一个名叫"万里寻子会"的团体。一位母亲寻女三年无果后又生一子,她觉得无法面对自己的女儿。而另一位看上去特别兴奋的年轻妈妈语速很快地说道:"我每天就一条街一条街地找。他们非说我疯了,要把我送到医院。我自己知道我没疯,我一定会找到我儿子的。"

田文军带着一丝苦笑说:"刚开始骗子还来骗我。再到后来,连骗子都不骗我了,真是一点动静都没有。到那时候你就觉得,有个人骗你好像也挺好的。有个人骗你,你觉得好像还有点希望。这希望真跟饭一样,不吃不行。这希望对咱们来说太重要了。"

就在活动即将结束时,鲁晓娟突然开口了,她泣不成声地说道:"其实我特别想跟大家说,那天我把鹏鹏送回田文军那去,我就开车走了。然后我就感觉鹏鹏在后面追我的车,但是我没回头。对不起,是我把孩子弄丢的,对不起,对不起。"鲁晓娟一边哭,一边说着,仿佛用尽了全身的力气,她双手抱在胸前,哭着蹲在了地上。这个念头成了压在她心上的一块大石头,让她无法在这种场合继续保持沉默。

不论贫穷还是富有,孩子丢了,家人仿佛都坠入了无边无际的深渊。丢失孩子的爸爸妈妈们,他们原本的生活秩序几乎被彻底打乱了。像田文军夫妇这样丢失孩子时间不长的,还在反省自责;有些夫妇又生了孩子,却无法摆脱对孩子的负罪感;多年找不到孩子的那些人逐渐认命,每天吃斋念佛。尽管一次次失望而归,他们还要拍着手相互鼓励,一次又一次坐上大巴车,为了一线希望四处寻找。

两年后,田文军做起了小吃生意。在做饭的时候,他收到一条信息,说在安徽乡下一个小学门口有个小孩很像他儿子,并且发了一张孩子在干农活的正面照。看到照片中的孩子很像自己的儿子,田文军立刻和妻子鲁晓娟来到安徽农村。远远地看到那个小男孩在院子里喂鹅,田文军忍不住和妻子走进院子,叫了一声"鹏鹏"。鲁晓娟撩开孩子的头发,看到孩子额头上的伤疤,确认是自己的儿子,田文军抱起孩子就跑。不明真相的村民拿着锄头棍棒跟着跑出来,要抢回孩子。田文军和鲁晓娟带着孩子跟跟跄跄地一路小跑,肩上的鹏鹏却喊着后面的女人"妈妈",并不停地用手锤打着田文军。看到这一幕,鲁晓娟又委屈又伤心,痛苦不已。

正当村民把田文军夫妇团团围住要抢回鹏鹏的时候,警察及时赶到,随即把田文军和鹏鹏的养母李红琴等人一起带到派出所。

鹏鹏看到田文军夫妇走进派出所办公室,他还害怕地让警察赶快把田文军和鲁晓娟抓起来。抱着鹏鹏,鲁晓娟痛苦地泪流不止。田文军无言地走出派出所办公室,扶着楼梯柱子,失声痛哭。整整三年,暗无天日的生活终见光辉,田文军哭得辛酸,也哭得委屈。

DNA比对成功,田文军和鲁晓娟带着鹏鹏回到深圳,开始了新的生活。回到深圳的鹏鹏满口安徽方言,也不习惯用马桶上厕所,但田文军和鲁晓娟都小心翼翼地陪着他。

影片结尾,鹏鹏在课堂上用安徽方言介绍自己的家:"我的爸爸叫田文军,我的妈妈叫鲁晓娟,我还有个妹妹叫杨吉芳。"

最后,电影展现了田文军等人的原型。更多没有找到自己孩子的家长还在一年一年地坚持找下去。

对家长来说,孩子就是他们的命,是他们生的希望、活的动力。一旦失去了孩子,就如同失去信仰,失去活下去的理由。所以,田文军和妻子鲁晓娟生活的全部希望就是找到鹏鹏。而和田文军、鲁晓娟一样失去孩子的父母,同样彷徨无助,找到孩子成为支撑他们活下去的最大动力。

亲子时光

家长	
学生	

 课上交流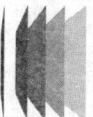

1. 为什么有的家庭迎来新的生命,父母会觉得对不起丢失的孩子?
2. 在日常生活中,我们应该如何提高安全意识,更好地保护自己,说说你的想法。

忠犬八公的故事

——那一刻，不只是忠诚

电影放映厅

　　火车站内，下班回家的帕克教授发现一只孤零零的小狗，小狗的脖子上挂着它的名字"八公"。禁不住火车站工作人员的请求，教授把没人认领的小狗八公带回了自己家里。原本帕克以为妻子会喜欢八公，但妻子根本不喜欢养小狗，坚持让帕克把小狗送走。帕克只好到动物寄养中心碰碰运气，可是工作人员说两周之内没人收养就会把狗处死。一路上帕克问了好几个朋友，都没人愿意收养这只小狗。帕克急着上班，只好把小狗放在包里带上火车。教授在车上给八公喂东西吃，因为宠物是被禁止带上车的，所以教授显得小心翼翼。可是不懂事的八公却叫了起来，为了掩饰八公的存在，教授拿起报纸，故作镇定地咳嗽起来。

　　回到家以后，八公把教授妻子的作品咬了个稀烂，为此妻子大发雷霆，坚决要把小狗送出去。

　　为了教八公学会捡球，帕克甚至趴在地上亲自示范捡球动作，但八公依然学不会。

　　帕克的一系列举动终于打动了他的妻子，同时在女儿安迪的强烈要求下，妻子答应收养八公，八公终于成为家庭的一员。

　　八公开始每天送教授去车站，然后在那里等他回来。每当教授走出车站叫它"八公"的时候，它就会冲上去给他一个大大的拥抱。

就这样，八公每天准时出现在火车站门口，在小镇车站站长、卖热狗的小贩、附近商店老板娘的眼中，这已经是习以为常的画面了。当帕克从车站出来喊一声"八公"，八公兴奋地扑上前去撒娇的样子，简直成了车站的一道风景。

一天，帕克走出火车站没有看到八公，回到家以后也没有找到八公，妻子说八公早上就出门了。帕克神不守舍地四处寻找八公，循着狗叫声在仓库发现八公被一只臭鼬困住了，帕克解救八公却被臭鼬喷了一身臭水。

帕克的女儿结婚怀孕了，他开心极了，无限怜爱地拥抱着女儿。温馨的日子就这么一天天过去，帕克一家生活得很惬意。

这天，八公反常地冲帕克叫着，但帕克没有多想，依旧像往常一样，步行去车站。当他发现跟在身后的八公嘴里叼着一个黄色的球时，他尝试着把黄球扔出去，没想到八公却出人意料地捡了回来。帕克非常开心，向周围的人说着"八公会捡球了"。

时间到了，帕克装起黄球去上班，将要离开的时候，八公又开始冲着他大叫。其实他应该明白，八公学会捡球一定有特殊的原因，他不知道，这一次八公走进了月台看着远去的列车，眼中充满了哀伤，它终究没有把他留住……

帕克在给学生上课时心脏病突发，一下子倒在了课堂上，手中那个黄色的球滚了好远……

天色逐渐暗了下来，最后一班车到站，车站关门，周围的人都散了。八公却依然在那里等待，可是教授再也没有机会走出车站与它拥抱。

帕克的妻子变卖了房子，八公被带去了另一个住所，它有了一个属于自己的小房子，但它却总是望向门外，因为在远处有它挂念的人。在教授的女婿迈克下班打开房门的那一刻，八公逃了出来，顺着铁路来到教授曾经给它的那个家，却发现那里早已物是人非，房子里住进了新主人。

当八公出现在火车站的时候，所有人都很惊讶，八公又回来了。每个人都善良地对待八公，给他吃的，和八公打招呼。帕克的女儿开车到火车站找到八公，把八公带回了家。待在新家里，八公依然无精打采，闷闷不乐，只是不断地来到铁门前，郁郁寡欢地望着门外。帕克的女儿决定给八公自由，让八公回到火车站。从此，八公在火车站安家，每天八公都会坐在车站前的花坛上一直等到太阳落下。

一天，一位记者采访火车站的工作人员，并在报纸上发了一篇带有八公照片的报道。自此，全国各地的读者不停地给火车站寄钱，委托车站工作人员给八公买吃的。

当所有人都开始了新的生活，八公还是一如既往在车站等待自己的主人，日复一日，年复一年，即使步履蹒跚，风雪交加，没有什么能够动摇八公那颗执着和忠诚的心。

十年以后的某天，帕克的妻子在帕克墓前遇上了他的同事肯，他们非常想念帕克。回去的路上，帕克的妻子在火车站意外发现了八公，不禁抱着它流下了泪水。

故事的最后，在一个寒冷的冬夜，八公终于累了。它趴在火车站前的雪地上，闭上眼睛，回想曾经和教授在浅水岸边奔跑，回想在车站看到教授出现时的样子……十年了，它从未忘记。像卖火柴的小女孩一样，它真的看见教授出现在它面前，微笑着叫它"八公"……八公闭上了眼睛，这一次，是永远地闭上了。

整部影片娓娓道来，剧情平凡而又温馨。教授的妻子在车站再次遇到八公，这一幕将影片推向高潮，让无数观众落泪。八公为我们诠释的不仅是忠，还有情。一些人类都很难做到的事，动物却可以做到，它们的世界简单、执着。

也许是轮回，也许这本身就是生活。多年以后，在一个夏日的傍晚，帕克的外孙牵着一只和八公一样的秋田犬走过铁路，镜头里的人物和宠物，那样熟悉，那样亲切。

亲子时光

家长	
学生	

 课上交流

1. 你相信会有一只宠物为你守候一生吗？说说你对影片的看法。
2. 说说你对养宠物的看法，跟大家交流一下吧。

可可西里

——人类不能孤存于地球

电影放映厅

《可可西里》是根据真实故事改编的，电影明显带有纪录片的风格。

沙图什是一种极柔软的披肩，由藏羚羊绒制作的沙图什则是其中的极品，成为欧美上流社会身份和地位的象征。1985年以前，可可西里生活着大约一百万只藏羚羊，随着欧美市场对沙图什的需求增加，导致藏羚羊绒价格暴涨，短短几年间，藏羚羊几乎被盗猎分子杀戮殆尽。

1993年，当地政府为了打击盗猎分子，保护藏羚羊，组建了一支武装巡山队，有20多名队员，队长日泰是转业军官。数年来他们追捕着盗猎团伙，艰难地保护着美丽的可可西里。1997年冬天，可可西里巡山队员强巴被盗猎分子杀害，北京报社记者尕玉奉命到青海采访，才让世人了解到可可西里藏羚羊濒临灭绝的现实以及保护藏羚羊的重重困难。

尕玉赶到时，正好碰上巡山队员给被盗猎分子打死的队员强巴举行"天葬"。因为表示愿意帮助日泰宣传可可西里保护区的项目，日泰答应了尕玉的采访要求。当天晚上，巡山队员紧急进山巡查，尕玉也跟着巡山队进山了，但他显然不知道此行会有多么危险。

他们先是在离藏羚羊产羔区最近的路口设卡，查到了不少为盗猎分子偷运藏羚羊绒的普通百姓。由于没有执法权，巡山队只能没收藏羚羊绒以后放人。随后他们来到了一处保护站，保护站里日常只有一名队员阿旺驻扎，他一个人在这里一待就是三年。巡山队员的车队走出去很远了，阿旺还在挥着手，长时间看不到一个人的寂寞只有他自己知道。

刚踏进可可西里藏羚羊栖息地，队员们就发现了数百只藏羚羊血淋淋的尸骨和仍在进食的秃鹫。日泰告诉尕玉，他们每年进山都要埋葬一万多只藏羚羊的尸骨，这次被杀的几百只羊都是产羔期的母羊，对生态平衡破坏极大。

到了第七天，日泰他们抓到了一群负责杀羊剥皮的牧民，为首的叫马占林，已经被日泰抓了好几次，而盗猎头目埋好藏羚羊皮带着手下逃跑了。追问之下，一个牧民才说出埋藏羚羊皮的地方，巡山队起获了所有的藏羚羊皮。尕玉很同情年迈的马占林，马占林告诉尕玉自己原本是当地的牧民，随着草原变成沙漠，牛羊都死了，为了生活，他带着自己的三个儿子和村民们为盗猎分子剥羊皮挣钱，养家糊口。马占林趁着守夜队员打瞌睡的机会带着三个儿子偷偷逃走，日泰发现后立刻带着几名队员追了上去，在追捕过程中，马占林的一个儿子死了。可可西里海拔高，氧气稀薄，一名队员因为不停奔跑得了肺水肿，在马占林的儿子的帮助下，那名队员的病情得到暂时缓解，日泰安排刘栋带着生病的队员下山去找医生。

进山十几天，队员带来的食物和汽油都快用完了，不能再带着给盗猎分子剥羊皮的人继续往前走，日泰打开手铐把他们都放了，可是他们能不能在暴风雪中活着走出去，谁也不知道。

追到了第十天，巡山队一辆汽车因没有机油爆瓦抛锚了，日泰只能安排三名队员原地待命，等待返回的刘栋来救他们。

刘栋把受伤的队员送到卫生所后，不得已卖了一部分收缴的羊皮，买了补给物资后独自一人再次进山。半路上，车轮陷进沙坑，在搬东西的时候，刘栋不幸踩到一处流沙，短短几分钟就被流沙吞噬了……

原地待命的三人见起了风雪，知道继续等下去只有死路一条，于是他们只好冒着风雪徒步跋涉，可是在没有食物和水的情况下，活着走出去的概率微乎其微。

路上，日泰告诉尕玉，自己的兄弟们已经一年多没有领工资了，巡山队员没有编制，只能自己解决经费。没收来的羊皮大部分上交，实在没钱的时候就只能违法贩卖一部分没收来的羊皮。为了保护可可西里，打击盗猎者，日泰自己也冒着进监狱的风险，尕玉听后也无言以对。

沿着盗猎者们留下的踪迹，队员们一路追到了雪山脚下。翻过雪山就是公路，一旦盗猎者上了公路就追不上了，日泰要求队员们必须在他们上公路前抓到他们。

最后，日泰带着尕玉还有其他两名队员徒步追进了雪山。半路上，日泰和尕玉与其他两人走散了，他们猛然发现自己被十几个手握冲锋枪的盗猎分子包围了。面对盗猎头目的讥讽，日泰依然坚持盗猎头子必须缴枪跟他下山去自首。

枪响了……日泰死了。尕玉不是巡山队员，盗猎分子放过了他。

影片最后，在黑色的背景下，用白色的字幕打出这样的内容："尕玉回到北京后写出了让世界震惊的报道，四名队员因为贩卖藏羚羊皮而被逮捕但最终免于刑事起诉。一年后中国政府在可可西里设立国家自然保护区并成立森林公安机关，原志愿巡山队自此解散。大部分国家已立法禁止藏羚羊绒买卖，可可西里的藏羚羊已恢复到三万多只……"

牺牲的巡山队员们终于能够瞑目了，他们的理想变成了现实。

导演陆川在访谈中曾经说过一段话："假设有一棵树是世界上最后的一棵树，但我如果不砍它就没有饭吃。在北京的时候我会呼叫着要保护它，但在西部待过一段日子后，我想我现在会砍它。"很无奈，但也没有什么可抱怨的，因为这就是现实。

亲子时光

家长	
学生	

 课上交流

1. 编织一条沙图什需要杀死三到五只藏羚羊，人们对藏羚羊绒的需求导致了美丽的藏羚羊被捕杀殆尽，说说你的看法。

2. 电影中哪个人物令你印象最深，说说你的看法。

料理鼠王

——人人都可烹饪，热爱才能做到最好

电影放映厅

电影一开始，大雨倾盆，可爱的老鼠小米两手举着食神的烹饪书冲出玻璃窗，一本正经地说，要重新思考一下自己的生活，并且感慨地说，作为一只老鼠生活得相当不容易。

小米是天生的美食家，有非常敏锐的嗅觉，他特别擅长通过混合食物创造出独特的美食。他的同伴能吃到从垃圾桶捡来的东西就很满足，小米却不肯将就，总是琢磨如何烹饪出更好的食物。

一天，小米和哥哥大米在寄宿的老奶奶家找藏红花做美食的时候，原本看着电视打瞌睡的老奶奶突然醒来并发现了小米他们，老奶奶拿着枪就朝他们一通乱射，结果天花板被打烂，吊灯连带整个天花板轰然坠地，数百只老鼠也跟着掉了下来。

在小米爸爸的指挥下，老鼠家族迅速逃入小河划船逃走，小米却因为回去拿食神的烹饪秘籍和鼠群走散了。又冷又饿的小米在下水道旁边翻看着食神的书，在自己想象出来的食神的鼓励下一路爬到楼顶，他惊喜地看到远处的埃菲尔铁塔，这才知道自己竟然一直住在美食之都巴黎的地下，更令他欣喜的是，旁边就是食神餐厅，他毫不犹豫地跑向了食神餐厅。

在食神餐厅后厨的天花板上，他看见厨房清洁工小林不小心打翻了

一锅汤,趁着无人注意赶紧往锅里加上水,还拿着各种调料胡乱往里放。眼看小林要毁了这锅汤,小米忍不住从天花板上跳了下去,根据自己的判断把食材、调味料放进汤里,快要完成的时候,小林发现了他。看到清洁工小林竟然敢在厨房里做菜,大厨恼羞成怒,臭骂小林,却没注意到服务生已端着汤上菜。非常意外,点餐的美食家很喜欢这道汤。女厨师乐乐认为既然小林做出了美味的汤,就不能开除他。看到乐乐支持小林,大厨极不情愿地留下了他。正当小米要悄悄爬出窗户的时候,大厨发现了小米,让小林抓住老鼠并带出去杀死……看到小林愁眉苦脸做不出那道汤,而自己又那么喜欢烹饪,小米决定跟着小林回家,和他合作再做一次那道汤。

小米指挥小林成功地做出那道汤以后,大厨安排乐乐负责教小林学习烹饪。强悍的女厨师乐乐严格训练小林,告诉小林要完全按照食神的菜谱烹饪,不能随心所欲乱创新。

随着越来越多的客人点名要小林创造的新菜,居心不良的大厨安排小林烹饪食谱中最复杂的招牌菜,希望趁机赶走小林,消除威胁。没想到在小米的指挥下,小林创新了招牌菜的做法,获得客人的一致好评,随后,来吃饭的客人纷纷点这道新菜。

月光下享受美食的小米偶然发现了自己的哥哥大米,他跟着哥哥来到鼠族的新家。尽管鼠爸劝小米留下来,但小米无法抑制内心深处烹饪美食的欲望,离开鼠族,回到了餐厅。

大米带着很多朋友来找小米要吃的,小米只好去找厨房钥匙,结果在大厨办公室意外见到了食神的遗嘱、小林母亲的信和小林的DNA鉴定报告,也发现了小林才是餐厅的合法继承人。最终,小米帮助小林赶走了大厨,小林名正言顺地成为食神餐厅的主人。

在众多记者面前,美食评论家柯博突然出现在食神餐厅,明言第二天晚上要来品尝食神餐厅的美食。而在此之前,小米和小林因为一些误会已分道扬镳。

第二天,美食评论家柯博如约而至,坐在餐厅满心期待地等着食神餐厅的招牌菜。但没有了小米,小林什么都做不出来。最后,他向众人坦白，那些美食都是在小米的指导下做出来的。而此时，小米听从了食神的指引，决定回到小林身边。

在食神餐厅后厨，小林托着小米，跟大家说出了一切真相。因为无法接受老鼠做厨师的事实，餐厅所有的厨师和服务员都走了。但鼠爸带领鼠族及时出现，在小米的指挥下，所有老鼠接受消毒后，分工协作，有条不紊地完成了小米的安排。紧接着，女厨师乐乐因为想起了食神的信念"人人都可以做厨师"，决定回去帮小林。

看到小米要做"普罗旺斯"这道对老百姓来说再普通不过的炖菜，乐乐心里非常没底。在小米的调制下，一道配料简单、颜色鲜亮的普罗旺斯炖菜端到了柯博面前。柯博右手拿着笔，左手拿着叉子漫不经心地把炖菜送进嘴里，他一下子呆住了，仿佛回到了童年。他欣喜地吃完炖菜，要向厨师致谢。所有客人都离开以后，小林和乐乐捧着小米出去，向柯博说出了事情的经过。

第二天，柯博的评论发表了。"过去，我公开对食神的格言'料理非难事'表示不屑，现在我才真正了解他的意思：不是每个人都能成为伟大的艺术家，但伟大的艺术家可能来自任何地方。现在食神餐厅掌厨的厨师出身之低微令人难以想象，但依我看，他是法国最好的厨师。"

不久，怀恨在心的大厨举报餐厅有老鼠，食神餐厅被勒令停业，柯博也失去了他的工作和公信力。但是，他在埃菲尔铁塔附近投资了一间叫"杂菜烩"的新餐厅，由小米做大厨，小林做服务生，天花板里还有老鼠的餐位。他们的生活依旧充满诗意。

"不是每个人都能成为伟大的艺术家，但伟大的艺术家可能来自任何地方。"即使是最普通的人，也有追逐梦想的权力，哪怕是一只生活在下水道里的老鼠。

就像忙于学业、疲于奔命的人们，已经忘了梦想在何方，甚至不敢跟别人谈起自己的梦想。但正像英国剧作家王尔德的一句名言："我们都活在阴沟里，但仍会仰望星空。"当渴望做厨师的小米在食神的指引下从下水道一路爬到楼顶，望着远处的埃菲尔铁塔，俯瞰巴黎夜景的时候，那种居高临下、一览众山小的体验坚定了他追逐梦想的心，他突破了自己身份的局限，拥有了更开阔的视野，他必然不再平凡。

人人皆有才华，认识到自己的优势，并充分发挥自己的优势，每个人都能做闪亮的自己。小林虽然没有做厨师的才华，却是一流的服务生。以挑剔而闻名的美食评论家柯博品尝到小米做的炖菜后，他毫不吝惜自己的赞美，认为小米是法国最好的厨师。不为盛名所累，敢于用自己一生的光环为代价去认可一位烹饪新秀，柯博是真正的君子。

影片中，女厨师乐乐在以男性为主的厨房中打出了一片新天地，她有扎实的基本功，煎炒烹炸又快又好。她记下了食神所有的菜谱，但她认为创新是食神才能做的，自己绝不能乱改食神的食谱。事实上，一流人才和普通人才的根本区别就在于，一流人才从来不会被所谓的规矩所束缚，他们研究事物的根本规律，然后自由地创造。正是由于不断创新，乐乐才能成为真正的大厨。

电影中有些细节相当精妙，如小米吃葡萄时，并不是塞到嘴里大快朵颐，而是斜靠在舒适的软布上，将一颗葡萄掰成高脚酒杯的形状，陶醉在美食的快乐中。也许只有真正热爱美食的人，才能成为一流的厨师。学习和成长的过程也是发现自己热爱的过程，把自己的热爱和工作生活结合起来，才会成就令人羡慕的人生。

影片最后，小米在厨房里为客人烹饪美食，窗外的餐厅招牌上一只老鼠拿着勺子望着远方的埃菲尔铁塔，有梦想的人生终归不同。

亲子时光

家长
学生

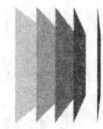 **课上交流**

1. 小米成为大厨的关键是什么？

2. 食神说，"不是每个人都能成为伟大的艺术家，但伟大的艺术家可能来自任何地方"，说说你是怎么理解这句话的。

摇滚藏獒

——凭着一把破吉他，也能把世界改变

电影放映厅

在安静祥和的雪山村，小羊们的生活简单而幸福，他们喜欢美化自己的羊毛，更喜欢玩音乐。藏獒家族也生活在这里，康巴和波弟父子俩一起守护着雪山村。

藏獒康巴有绝技"降狼十八掌"，前来偷袭的狼群被他打得落花流水，四散逃命。自感责任重大，康巴开始训练波弟练习"降狼十八掌"，他还把村里所有的乐器都锁了起来，免得音乐干扰训练。

波弟一天天长大了，他开始带领小羊们每天训练。为了迷惑远处的狼群，小羊们装扮成藏獒的模样，营造出雪山村建立了一支藏獒部队的假象。

波弟把自己该干的活儿都干完了，康巴让他展示一下"降狼十八掌"。但波弟根本没有认真练习爸爸的绝招，自己也没有父亲那股发自内心的火焰，发挥不了"降狼十八掌"的威力。

练不好"降狼十八掌"，波弟无精打采地在草原上走来走去。一架飞机飞过，掉下来一个收音机。波弟打开收音机，里面传出来的摇滚乐一下子就吸引了他的注意力，他忽然明白这才是自己一生想要的东西，因为这能点燃自己心中的火。

电台主持人正在采访摇滚明星猫王安歌士，他说第一次拿起吉他的时候，他就知道自己一生都离不开音乐了。安歌士在摇滚公园练习的时候，一支摇滚乐队正好缺吉他手，醉心摇滚的安歌士就此踏上了备受瞩目的明星之路。

波弟再也无法忍受雪山村枯燥的生活，于是悄悄去村里放乐器的仓库拿出一把吉他，准备去城里的摇滚公园，追随摇滚巨星安歌士开启自己的音乐人生。波弟的举动让康巴大惊失色，对着波弟大吼："你成不了音乐家，波弟，我们的职责就是看门。"

尽管爸爸反对，波弟还是拿着这把吉他在村子里弹唱。音乐唤醒了雪山村的激情，小羊们都跟在波弟身后随着波弟的琴声唱歌。

康巴心生一计，准备吓唬波弟，好让他不再沉迷摇滚。

第二天晚上，康巴安排波弟去站岗，然后找了三只小羊，戴上狼的头套，趁着夜色去吓唬波弟。波弟正在练琴，猛然发现窗外有个狼头，吓得赶紧跑回村里，到处大喊"狼来了"，让村民关好门窗。小羊们四处乱逃，还引燃了村里的烟花爆竹，损失巨大。

村里年龄最大的羊吴福利对康巴的做法提出异议，认为让波弟做他自己更好，还让康巴转交给波弟一张车票，支持波弟去追逐自己的音乐梦想。思虑再三，康巴也决定放手支持儿子学音乐，同意他进城，并告诉他"如果不顺利就回来，好好工作"。

小羊们都来给波弟送行，老羊吴福利还特地送给他一把吉他："这是你的人生，去实现梦想吧。"

如果你真的愿意为梦想付出努力，总会有人伸出援手，给你希望。

单纯善良、执着追求摇滚梦想的波弟来到城市，走在熙熙攘攘的人群中。城市虽大，却无人帮他，问了一圈也没人告诉他摇滚公园在哪里，最后自己误打误撞地来到了摇滚公园。

看到有个乐队正好缺吉他手，波弟感觉太神奇了，自己就像摇滚巨星安歌士一样幸运。乐队吉他手锤子看到一个乡下小子竟然敢挑战自己的地位，就让他和自己斗琴。波弟虽然热爱摇滚乐，却根本不是锤子的对手。老江湖锤子给波弟上了来到城市的第一课，那就是只有热情不足以支持自己的梦想。

锤子说安歌士就住在附近,怂恿波弟去找安歌士。波弟不知是计,刚到安歌士家门口就触电被弹了出去。不屈不挠的波弟戴上防电手套,翻过大门进入安歌士的家。此刻安歌士对自己写的歌非常不满意,正在发脾气,当他看到门口的波弟,谎称自己是园丁,骗他说安歌士要收他做关门弟子,让他用门口的垫子清洁一下脚底,结果波弟又一次被弹了出去。

唱片公司又来电话催要安歌士的新歌,听着窗外波弟的歌声,他觉得波弟唱得还不错。安歌士到大门口来迎接他,说要给他上一课。这一次安歌士叮嘱波弟不要踩门口的垫子也不要碰门,门上有电。

安歌士告诉波弟,写歌要让人产生共鸣才行,让他想想自己的家乡。安歌士本以为他会想到垃圾、憋屈或者歧视猫咪等不好的词语,结果波弟思念在雪山上的家乡,想到的第一个词竟然是"热爱"。波弟一边弹着吉他,一边作曲,越弹越投入,忽然发现自己真的有火了,原来有梦想、有热爱的地方才有火。

生活的打击拖慢了波弟走向世界的脚步,却也磨砺了他的才华。当他积累到一定程度,只要有一个展示自己的机会,就能让整个世界为他喝彩。

重回摇滚公园,波弟止不住内心的激动,跟朋友们说起自己的奇遇,"安歌士给自己上了一课,自己还和他写了一首歌"。正当波弟和朋友介绍的时候,收音机里传出安歌士接受采访的声音,他说自己写的新歌是《热爱》,写这首歌的灵感是因为想起了家乡,那个常年白雪皑皑的地方。

安歌士根本没有提起波弟,波弟很失望,他一个人失落地站在雨里,几个朋友觉着波弟是骗子。夜晚,波弟一个人孤独地坐在摇滚公园的长椅上,狼群把他抓走了。

听说波弟被狼群抓走了,安歌士不再理会唱片公司的催促,带着波弟刚到摇滚公园时认识的几个朋友,救出了波弟。波弟和安歌士说狼群要去袭击自己的家乡,求安歌士送自己回家乡。

在雪山,没等康巴使出"降狼十八掌",狼王就用绳子把他捆了起来。

狼群很快就抓住了所有的小羊，就在狼群准备吃了小羊时，波弟及时赶到。一番追逐之后，波弟拿着自己的吉他站到了悬崖边上，拨动琴弦，众狼都被波弟施了魔法一般的琴声所吸引。康巴趁机割断绳子，对着狼王一记"降狼十八掌"，把狼王打跑了。

舞台上，波弟弹起这首《热爱》，摇滚巨星安歌士放下身份，给他伴奏。最后，羊村的老老少少一同拿起乐器，沉浸在音乐中。

康巴一直教儿子波弟练习"降狼十八掌"，波弟却一直找不到自己心中的火，练不好武艺，后来才知道，摇滚乐才能让他心里有火。当他和猫王安歌士练习写歌的时候，他终于找到了自己的那团火，而摇滚乐就是让他梦寐以求、愿意付出一切的事业。

罗曼·罗兰在《约翰·克利斯朵夫》中说过："大部分人到二三十岁时就停止了成长，此后他们与自己的影子共度余生。"想想这其中的原因，也许是因为多数人都没有找到值得自己废寝忘食、乐此不疲的梦想吧。

去追逐自己的梦想，点燃心中的那团火吧，少年。

亲子时光

家长
学生

 **课上交流**

1. 每个人都有自己的特长,也有追求自己梦想的权利,梦想和特长结合起来才更容易实现,说说你的特长和梦想吧。

2. 电影中哪个镜头给你留下的印象最深,和同学说说你的感受吧。

小鞋子

——奔跑，以爱的名义

电影放映厅

阿里的父亲在附近的清真寺打工，收入很低，母亲腰不好，需要卧床休息，还要尽可能做家务照顾刚出生的孩子。阿里的妹妹莎拉也很勤快，兄妹二人既用功读书，又都努力帮父母做家务。

阿里先去给妹妹修好旧鞋子，再到市场去买菜。买菜的时候他顺手把包着妹妹旧鞋子的塑料袋放在蔬菜店的菜篮子下面，因为经常赊账，老板只让他挑那些卖不出去的土豆。在他挑土豆的时候，一个收垃圾的人不小心把他的塑料袋当成垃圾收走了。这个意外沉重地压在了阿里的心上，鞋子虽然破旧，可没有鞋子穿妹妹就无法上学，家里都没钱交房租，买菜还要赊账，一旦妹妹告诉爸爸，自己少不了挨一顿打。

晚上，可爱的小妹妹用铅笔头和哥哥讨论"明天没有鞋子上学怎么办"，最后哥哥想出了办法，对妹妹说："你可以穿我的球鞋，早上你先穿，下课后你回来我再穿着去上学。"心虚的哥哥还把自己的铅笔送给了妹妹。第二天，当莎拉穿着哥哥那大一号的球鞋上体育课时，看到每个同学都有一双漂亮而干净的鞋子，她低头看着自己的鞋，不自觉地藏起了自己的脚。

一下课，莎拉就一路小跑回家跟哥哥换鞋。她气喘吁吁地穿过一条条街道，紧赶慢赶地回到家，阿里穿上鞋拎着书包跑向学校。就这样兄妹俩开始每天交替换穿鞋子上学。怕哥哥迟到受罚，莎拉总是第一个冲出校门。

有一次，莎拉在学校考试，她担心哥哥着急，提前交卷跑回家给哥哥送鞋。在跨过一条水沟时，因为鞋子不合脚，一不小心一只鞋落入了湍急的水中，莎拉几次去捞都捞不到，鞋子就在她的眼前愈漂愈远，最后竟然卡在水沟深处。既焦急又无奈，莎拉无助地哭起来。幸好，路边一位好心的叔叔帮她捞起了鞋子。

因为以前好几次上学迟到，当阿里再一次因为和妹妹换鞋迟到被学校管理人员发现后，管理人员严厉地批评了阿里并把他赶回了家，阿里也不敢说出迟到的真正原因，只是默默掉泪。在老师的帮助下，阿里才又回到学校。

一天，莎拉在学校操场听老师讲话时意外发现一个小女孩正穿着她拿去修理的小红鞋。下课后，莎拉在校园里到处去找穿着她鞋子的小女孩，放学后，她跟踪小女孩来到她家附近。第二天莎拉带着哥哥去那个小女孩家里想要回自己的鞋，当兄妹俩来到那个女孩家附近，正好看到那个小女孩和她的父亲一起出来，小女孩的父亲竟然是个盲人。阿里和莎拉看到这情景，难过地打消了念头，二人没有说话，慢慢地走回了家。

为了能挣些钱，阿里请假跟着父亲到城里找点活干，他们一路骑自行车走了很远才到城里。他们怯生生地挨家挨户按门铃，希望能找些整理花园的工作。口干舌燥地问了大半天，直到下午才有一户人家请他们收拾花园。回家的路上，阿里喜滋滋地跟父亲说，可以先给莎拉买双鞋，她的鞋太旧了。阿里的心里一直惦记着妹妹莎拉。在一段下坡路上，因为自行车太旧，刹车失灵，阿里和父亲重重地摔倒在路边。阿里的父亲受了伤，给妹妹买鞋子的计划又泡汤了。

一天，阿里在学校的墙上看到了马拉松比赛的布告，第三名除了获得一周的假期之外，还奖励一双新球鞋。虽然知道报名早已截止，梦想着给妹妹赢得一双新鞋的阿里哭着请求教练让他参加比赛。看到阿里确实跑得很快，教练最终同意让他报名。回家后，阿里兴奋地对妹妹说："我要参加长跑比赛了，季军奖品有一双新球鞋。若我得到季军，我把球鞋送给你。"妹妹看着哥哥，露出了期待的笑容。

比赛那天，枪声一响，所有的选手都奋力奔跑，不一会儿就渐渐拉大了差距。阿里落在队伍的中间，他喘着粗气，步子变沉，越来越吃力。阿里想到了妹妹的期待和自己对妹妹的承诺，他又全力向前，连连超越了好几个人。最后关头，阿里铆足了劲往前冲。几名选手几乎是同时冲线，阿里冲线后瘫倒在地上。当教练把阿里摇醒时，他有气无力地说："我是不是季军？""你在说什么，你得到了冠军！"教练高兴地说着。阿里眼看着属于季军的球鞋，难过不已。

阿里垂头丧气地回到家里，妹妹欢天喜地地跑来迎接他，莎拉一看就知道哥哥没有拿到第三名，失望地转身走进屋里。阿里坐在水池边，脱下破球鞋，他的双脚都磨出了血泡。阿里沮丧地把脚伸进水池里，小鱼游了过来为他舔舐伤口，安静的画面和舒缓的音乐伴着阿里淡淡的忧伤。

影片最后，父亲的自行车后座上放着两双新鞋，阿里内心的愧疚终于消散了。

家长
学生

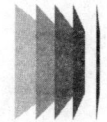 **课上交流**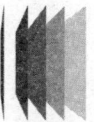

1. 阿里和妹妹本想去找小女孩要回鞋子，为什么没要回鞋子就离开了？

2. 很多成年人看来无足轻重的小事，在小孩子看来却可能是天大的事，说说你类似的经历吧。

牧 笛

——牧童归去横牛背,短笛无腔信口吹

电影放映厅

夏日炎炎,蝉鸣阵阵,伴着悠扬的笛声,牧童骑着水牛从柳树林中缓缓走来。电影一开头就完美呈现了老舍的诗句"牧童牛背柳风斜,短笛吹红几树花"的意境,诗中有画,画中有诗。

牧童骑着水牛走入小河中,把水里的鱼儿惊得四散开去。水牛很喜欢在河里戏水,任牧童怎么拍打催促也不走。牧童拿出笛子吹了起来,水牛才慢慢走过河。过了河,牛儿在草地上自由吃草,牧童爬到树上,吹起笛子逗弄竹林中的黄鹂鸟。牧童轻快的笛声和着黄鹂鸟的叫声,描绘出一幅清代诗人袁枚"牧童骑黄牛,歌声振林樾"的画面。

牧童玩累了,竟躺在粗大的树干上睡着了。在睡梦中,两只黄鹂鸟围着牛儿上下翻飞,然后就飞走了。牛跟着鸟儿慢慢远去。不一会儿,牧童看着牛儿走远了,急得大声叫,连忙跳下树来去追牛。

牧童一路翻山越岭,看到一个渔夫带着鸬鹚在河里打鱼,牧童请求搭渔民的船过河去找牛。渔夫头戴斗笠,旁若无人地撑着小船在水面上慢慢滑行,正如明代词作家杨慎的词句,"白发渔樵江渚上,惯看秋月春风",与沉默撑船的渔夫不同,牧童站在船头焦急地四处张望。

谢过渔夫,牧童径直前行,路上遇到两个趴在树下斗蛐蛐的放牛娃,他们都说没看到他的牛。

牧童翻过一座小山,迎面走来两个砍柴人,说看到一头牛走远了。顺着砍柴人指引的方向,牧童急急忙忙去找自己的牛。

牧童站在小山头上,看着远处青山葱茏,飞瀑从悬崖上一泻而下,近处小河流水潺潺。他被四周的美景吸引,一时玩心大发,忘了去找自己的牛,竟然趴在河边的大石头上,欣赏着青山绿水的美景。

牧童顺着瀑布的方向往下看,隐隐约约看到自己的牛正卧在瀑布前的一块巨石上,牛也聚精会神地看着眼前的飞瀑。牧童欢快地跑下去,一下子骑到牛背上。原本沉醉在这自然的美景中,突然被人惊醒,牛生气地把牧童掀了下去。仔细一看,认出是小主人,牛才慢慢走过来。牧童开心地抱着牛的脖子,人和牛相互依偎着。牧童拉着牛要回家,牛好像没看够这美景一般,竟然调转身子往飞瀑下面的水潭跑去。一看牛跑了,牧童又急忙追了过去。

牛站在水潭中间的一块大石头上,牧童试了试水深,不敢过去,想捡块石头扔过去,又不忍心把石头扔进水里。看着牛儿站在那里一动不动,牧童也发了愁。

想了一会儿,牧童终于有了主意。他来到竹林,找到一根漂亮的紫竹,又掏出随身携带的镰刀,砍下竹子,做了一支竹笛。

笛声悠扬,鸟儿也驻足倾听。远处的鹿、老鹰、鸟儿也被笛声吸引,沉浸其中。听着熟悉的笛声,牛儿终于轻快地跑回牧童身边。牧童高兴地一下子抱住了它。

镜头一转,牧童醒来,发现自己正抱着树干睡觉。站起身,牧童吹响了手中的笛子。听到笛声,牛儿叫了一声,又来到了牧童身边。

迎着黄昏的落日,牧童吹着竹笛,骑在牛背上慢慢远去。悠扬的笛声穿越竹林,不禁让人想起"牧童归去横牛背,短笛无腔信口吹"的诗句。

影片中的水牛形象是参考国画大师李可染的《牧归图》《暮韵图》中的水牛绘制的,老舍的诗句"牧童牛背柳风斜,短笛吹红几树花"也是赠李可染的,这既是一种巧合,也是中国书画天然的联系。

与美国、日本的动画风格完全不同,中国水墨动画极大地承续和弘扬了中国美学传统,还巧妙地融入了古诗词元素,构建了水墨画与古诗词之间的联系,可谓是画中有诗,诗在画中。该片的构思设计更是巧妙,牧童吹奏笛子的每一个手指的指法,都是跟影片配乐完全吻合的。无论是艺术造型,还是音乐设计,《牧笛》这部中国水墨动画在世界动画电影史上都享有独特的历史地位。

亲子时光

家长
学生

课上交流

1. 《牧笛》与你看过的其他动画片有什么不同,说说你的看法。
2. 观影过程中,你还想起哪首诗词,和同学讨论一下吧。

导盲犬小 Q

——愿你被世界温柔以待

电影放映厅

  米兰·昆德拉曾说过:"狗将我们与天堂联结起来。它们不懂何为邪恶、嫉妒、不满。在美丽的黄昏,和狗儿并肩坐在河边,有如重回伊甸园。即使什么事也不做也不觉得无聊——只有幸福平和。"根据日本作家石黑谦吾的小说《再见了,可鲁》改编的《导盲犬小 Q》很好地诠释了这段话。

  影片《导盲犬小 Q》在 100 分钟的时间里,真实地记录了一只导盲犬的一生。影片的情节并不复杂,甚至连人物的对白都很少,只将剧情娓娓道来,却展现了人类社会久违的单纯与信任、爱与关怀,带给我们最真实的感动。

  小 Q 是一只可爱的拉布拉多犬,它性格内向,从不与兄弟们打打闹闹,总是一副我行我素的样子。小 Q 的主人希望五只小狗中的一只能成为导盲犬,最后挑中了性格沉稳的小 Q。为了培养小狗对人的信任,导盲犬从出生到一岁期间要被送到养父母家开始寄养生活。就这样,出生刚 45 天的小 Q 被送到志愿饲养导盲犬幼犬的仁井夫妇家,度过了无忧无虑的童年。仁井夫妇根据它身上独特的胎记,为它精心挑选了现在的名字——小 Q,意为鸟的羽毛。

  一直被养父母宠爱的小 Q 一岁了,此时它的生活环境发生了巨大的改变，开始了作为导盲犬的训练。小Q每天接受着严格的训练，转眼间它到训练中心一年半了，已经成为一只优秀的导盲犬了。

小Q被分配给了盲人渡边先生。渡边先生在盲人协会工作，他是一个主观意识很强的人，不太相信一只狗能帮助自己，认为导盲棒比导盲犬可靠。随着和小Q的不断接触，他对小Q从陌生到熟悉，从怀疑到接受，从抵触到依赖——在不长的时间里，小Q便成了渡边先生的"眼睛"，他们一起成长，感情日益深厚。这般安稳平静的日子只过了两年，渡边先生就因严重的肾衰竭再次住进了医院。小Q被带回训练所，在社区和小学内担任示范犬，宣传导盲犬如何为盲人生活带来方便。

三年以后，预感到时间不多的渡边忍着疼痛回到训练中心，让小Q带着他走了最后的30米。在渡边的葬礼上，小Q安静地看着躺在棺材里的主人，也许它不能理解什么是生与死，但是它的眼睛里却充满了悲伤。或许它只是以为渡边睡着了。

之后的七年时间，小Q又回到了导盲犬训练中心，成为一只宣传、推广导盲犬活动的示范犬，在各个学校和一些社会福利机构做示范表演。

转眼间，小Q 11岁了，相当于人类的60岁。它告别了示范犬的工作，回到了它的养父母仁井夫妇身边，回到了那个有过快乐童年的家里。小Q安稳的老年生活就这样开始了。

没想到，回到家刚过了一年，小Q的身体就越来越衰弱。在它刚过完12岁生日的两天后，它终于病倒了，医生诊断为白血病。在小Q生命的最后时刻，养父母仁井夫妇和家里的一只黄金猎犬从始至终守护着它。养父母仁井夫妇为它唱歌，送它安静离开，并说："到了天国，一定要记住报自己的名字——仁井小Q。"享年12岁零25天，小Q露出像它小时候那样安静的表情，望着养父母的脸，静静地离开了这个世界。

当天晚上，小Q躺在客厅的中央，一家人度过了最后一个夜晚。第二天，小Q和灵柩里的花瓣一起化成了灰烬。

由于训练和长期陪伴的原因，导盲犬对主人的信赖会达到常人无法想象的地步，他们在家里从不大声叫，平时出去散步也是随着主人的脚步时快时慢，不会离开主人自由奔跑，仿佛真的成了主人的眼睛。对导盲犬而言，最重要的就是保证主人在路上的安全，陪伴主人安全地出门，安全地回家。

由于工作原因，会有约10%的导盲犬患有严重的近视，它们对身旁突然出现的物体，也会反应迟钝。因此，在路上碰到正在工作的导盲犬千万不要去打搅它们，以免影响它们的注意力而发生意外。

像小Q一样，大部分导盲犬由于和主人建立了很深厚的感情，即使重新回到训练营地，也很难适应新的环境，因此年老的它们多数被送回寄养家庭。

亲子时光

家长	
学生	

 课上交流

1. 说说你对导盲犬的看法。
2. 影片中哪些情节让你记忆犹新，说说你的感想吧。

海底总动员

——和孩子一起成长

电影放映厅

　　影片一开始就展现给观众一幅温馨的画面：将要成为父母的小丑鱼爸爸马林和妈妈姗姗守护在四百个即将出生的孩子旁边，他们商定等孩子出世后，一半用爸爸的名字，另一半用妈妈的名字。突然，姗姗呆住了——一只大鲨鱼正一动不动地盯着他们……她必须保护孩子们，于是猛地往一边游去，大鲨鱼闪电般地扑了过来。马林冲过去救她，却被大鲨鱼的尾巴狠狠地甩了出去……

　　马林醒来的时候，姗姗死了，孩子们不见了，只剩下一颗尚未孵化的鱼卵。尽管这颗鱼卵是如此无助，却足以燃起鱼爸爸马林在痛失爱妻与其他孩子后的生存希望，"孩子，别怕，爸爸在这里，爸爸会永远保护你的"。后来鱼卵孵出一条小鱼，鱼爸爸给他取名"尼莫"。守着唯一的宝贝儿子，马林不允许他做任何有一点冒险性质的游戏。因为尼莫上学要离开自己，马林直接建议尼莫再晚一点去上学，这让渴望自由的尼莫非常不满。

　　开学第一天，听说老师要带领学生去峭壁自由探险，马林马上就跟着去了。尼莫不甘心被小伙伴嘲笑，和爸爸马林吵了一架。趁着马林不注意，尼莫赌气朝游艇游去，不幸被专门捕捉观赏鱼的潜水人捉到，卖给悉尼一间牙科诊所，成为鱼缸中众多观赏鱼的一分子。

马林失去儿子后伤心欲绝,几近疯狂地寻找儿子,但他只能眼睁睁看着游艇越走越远。在问路的时候,马林碰上了有些神经质的蓝色帝王鱼多莉。多莉答应带马林找他的儿子,然而一转头,多莉就质问马林"干吗缠着她不放",这种行为令马林大为恼火。多莉有些尴尬地告诉马林,自己患有短期记忆丧失症。

马林刚想离开多莉去找自己的儿子,就被高呼"鱼类是朋友"的大鲨鱼布鲁斯带去参加他们举办的聚会。在鲨鱼的聚会上,马林和多莉发现了一个从游艇上掉下来的潜水镜。争夺潜水镜的时候多莉受伤流血,激起了鲨鱼捕猎的冲动。在追赶马林和多莉的过程中,鲨鱼不小心把废弃的潜水艇中的鱼雷引爆了。

过了许久,马林才醒来,便立刻拉着多莉去找潜水镜。在深海鱼怪的"灯笼"的引导下,多莉告诉马林潜水镜上写着"悉尼奥乐比路42号皮舍尔曼",多莉惊讶地发现自己这一次竟然没有遗忘。获得这一重要线索的马林立即带着多莉赶往悉尼。

牙医准备把尼莫送给自己的小侄女当作她八岁的生日礼物。被关在诊所鱼缸里的尼莫非常害怕,只想回家。尼莫的新伙伴为他举行了一次欢迎晚会,并给他取了一个新名字"沙瑜儿"。鱼缸老大吉尔准备安排一次逃生计划,帮助尼莫逃出去。

马林怕多莉耽误自己寻找儿子,准备和她分手。多莉很伤心,表示一定要帮助马林去找他的儿子。鱼群告诉马林顺着洋流走就可以到悉尼。在穿越海蜇区的时候多莉被海蜇的毒刺蜇了一下,马林不顾危险去救多莉,自己也被毒刺蜇晕了。

马林苏醒过来后,发现自己正躺在海龟的背上顺着东澳暖流往悉尼前进。幸运的是,多莉也没事,正和小海龟玩得开心。看到大海龟让小海龟自由自在地在海中游玩,马林受到了很大的启发。

马林一路给小海龟讲自己和儿子尼莫如何分开,自己如何经历一系列冒险寻找自己的儿子。马林千里救子的故事传遍了整个大海,他也成了海洋世界中的英雄。

鹈鹕奈杰尔告诉尼莫,他爸爸马林寻遍天下,到处在找他。自从尼莫被那条船抓走后,马林就跟着那条船穷追不舍,后来还炸飞了三条鲨鱼,又把尖嘴怪困在了岩石上,还和无数的海蜇展开了殊死搏斗,目前正和海龟顺着东澳洋流直奔悉尼,就快到了。听到父亲这么无畏无惧地寻找自己,尼莫再一次勇敢地用石头堵住了鱼缸的清洁系统。

在向鲸鱼问路的时候,马林和多莉不小心被鲸鱼吞进了肚子。在鲸鱼的肚子里,马林失望至极,多莉不住地鼓励马林"会好起来的"。马林告诉多莉,自己答应过尼莫不会让他出任何意外。多莉不同意马林的观点,认为不让尼莫出任何意外就等于不让他做任何事情,那样尼莫就会失去乐趣。多莉的观点给了马林很大的触动。

奈杰尔带着马林和多莉大闹牙医诊所,但没有救出尼莫。回到大海的马林伤心欲绝,想离开多莉自己一个人终老。后来,吉尔的逃生计划顺利实施,尼莫顺着下水道回到大海,正好碰上了多莉。多莉听尼莫说出"悉尼"两个字一下恢复了记忆,立刻带着尼莫去找马林。终于,他们找到了马林,但意外发生了,多莉被一只渔网缠住了。尼莫为了救多莉,也钻进了渔网,他让大家一起往下游,在鱼群的一起努力下,桅杆被拉断,他们得救了。

影片结尾,经历了一系列的冒险,马林检讨了自己的教育观念,鼓励尼莫去勇敢追求自己的生活。

亲子时光

家长
学生

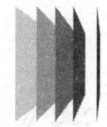 **课上交流**

1. 马林一开始为什么不让尼莫做任何可能有危险的事情，说说你的结论。

2. 尼莫是如何变得独立有主见的？爸爸、吉尔、多莉分别带给他怎样的影响？

我和我的父辈之《诗》

——这世间，总有些事情超越生死

电影放映厅

故事发生在 1969 年，"长征一号"火箭发动机研制基地。学校里，孩子们正玩得开心，忽然远处传来一声巨响，孩子们喊着"又炸了"，纷纷爬上墙头、屋顶看热闹。

在发动机车间，工程师施儒宏安排人把收集的残骸拿去分析，发动机穿火导致爆炸，只有了解穿火的过程才能找到穿火的位置，仅仅靠照相机不行，施儒宏恨恨地想：大不了就用眼盯着。

儿子又跟老张家的孩子四眼打架了，郁凯迎让他在墙角罚站，儿子却不松口，坚持自己没有错。老公施儒宏扔下筷子，把儿子拉到了另一个房间，"还治不了你了"，说罢拿着笤帚就朝自己腿上拍去，还给儿子使个眼色。儿子一看，很配合地叫唤着。

郁凯迎不明就里，心疼儿子，让儿子赶紧过去吃饭。施儒宏顺势拉着儿子过去吃饭，还一边批评着，"好好说话你不听，非得挨顿打"。

妹妹有些看不过，说道："我知道哥哥为什么打架。"哥哥一把捂住妹妹的嘴，不让她说。郁凯迎拉开儿子的手，妹妹说："四眼哥哥说，爸爸是做鞭炮的，做鞭炮的会被炸死。"听到这话，哥哥更加觉着委屈，推倒凳子就跑了出去。施儒宏和妻子也一下子呆住了。在游乐场上，施儒宏把吃的递给儿子，坐到了跷跷板另一头。儿子问："爸爸，你是干什么的,是做鞭炮的吗?"

施儒宏说:"当然不是了。我是个诗人。我的工作就是每天在天上写诗。"儿子有些不信:"天上怎么写诗?不管你干什么,只要不是做鞭炮的就行。"

晚上,郁凯迎和老公聊天:"如果儿子再问咱们会不会死,怎么说?孩子太可怜了,我怕他受不了。"

施儒宏一边在纸上写着什么,一边说:"实话实说吧,这种事怎么回避呢?从咱们研究固体燃料的第一天起,从咱们知道这是中国从无到有、需要不断试错的第一天起,不就已经知道了吗?"

第二天上班路上分手的时候,施儒宏顺手给了妻子一张纸,说是自己写的诗,妻子打开一看,纸上只有一个字"诗",妻子乐了。

同学们下课在操场上玩得正起劲,忽然远处又传来连续几声巨响,连学校的喇叭都震得左右直晃。孩子们都吓得呆住了,妹妹一下子躲在哥哥身后,使劲抱着哥哥。

晚上,爸爸没回来。早上吃饭的时候,爸爸也没回来。哥哥没往心里去,还问:"昨天晚上你们去哪儿了?爸爸呢?"妹妹还夹了一些肉丝放到爸爸的碗里。

妈妈强忍着内心的巨大悲痛,平静地说:"给你买肉去了。"

根据施宏儒同志生前的观测报告和这次事故的分析,发动机固体燃料研制组研究认为,穿火位置在发动机头。要按期完成任务,必须重新调试推进剂等各项设计,并将药面修整的精度提升到 0.5 毫米以下,这个难度比较大,其他人都不敢接这个任务。只有本来应该在家休息的郁凯迎主动接受了这个任务,她很平静地说:"我能把精确度提高到 0.2 毫米。" 0.8 毫米、0.6 毫米、0.4 毫米……郁凯迎带着自己的团队一步一步把火药修正面的精度提了上去。

回到家,郁凯迎翻出丈夫给自己那张写着"诗"字的纸,抽泣着,满脸泪水。

天气预报说天要下大雨,其他小孩的爸爸都回家了,郁凯迎无法面对孩子的质问,只好搪塞孩子说:"你爸他加班呢。"儿子根本不信,冒着大雨就跑出去了。

郁凯迎一个人照顾着小女儿，还要收拾怕雨淋的书籍资料，把灌进家里的雨水用桶刮出去。不一会儿儿子推开门，站在门口大声问："我爸是不是死了？你告诉我不行吗？有什么不能说的？""我挨家挨户都问过了，所有的爸爸都回来了，除了我爸，他是不是死了？"

看着儿子不依不饶的，郁凯迎又累又生气，拿着笤帚把儿子按在饭桌上，一下一下结结实实地打在儿子屁股上。"我不打你是因为我不舍得打你，你爸又舍得打过你吗？"

听到这里，儿子再也忍不住了，大哭起来："我爸爸和我以前的爸爸都死了。"听到这句话，郁凯迎再也忍不住了，一把抱住儿子。

郁凯迎回想起四年前，自己正哄着同事的小儿子睡觉，丈夫还在灯下研究方案。门外传来一阵敲门声，同事来接孩子，实验没成功，第二天还要继续试验新配方。看着孩子已经睡熟了，郁凯迎没让同事接走。

经过一个又一个日夜，一次又一次失败，郁凯迎的团队终于把火药精度提升到了 0.2 毫米。修整火药面的时候，徒弟不小心把锉刀掉到了地面上引发意外爆炸，幸亏两人及时跑出去，才幸免于难。

孩子发脾气不吃饭，郁凯迎递给儿子一张纸，说道："这是你爸写给你的诗，终于写完了。"儿子知道不是爸爸写的，接过来揉成一团就扔出窗外。下午车间火药爆炸的事给了郁凯迎很大的压力，她一字一顿地告诉儿子："说不定我也会死。爸爸做的东西和这个灯笼差不多，都是靠中间的火才能飞上天。妈妈的工作就是做这个火的，可是它很危险，如果发生意外我也会死。万一妈妈死了，你会不会后悔，现在还在跟妈妈赌气。家里现在只有你一个男子汉了，妈妈不在的时候，你还要替妈妈照顾妹妹呢。你要学会长大，好吗？对不起，孩子，爸爸妈妈都不一定有时间陪你们长大。"听着妈妈的话，儿子哭得泪流满面。

晚上，哥哥带着妹妹去放孔明灯，看着孔明灯晃晃悠悠地飞上天，哥哥大喊着："妈妈，你不会死，你不要死。"

几十年以后，哥哥给妹妹染发，妹妹跟哥哥说："妈妈要是能活到今天该多好啊。妈妈去世的时候我许了个愿，我也想上天写诗。"哥哥说:"他们一定觉得很骄傲。小时候什么都怕的一个小丫头,现在却成了一名航天员。"

万众瞩目下,火箭点火上天,航天员施天诺也将迎来自己的首次太空之旅,中国的宇宙探索事业又一次成功实现了新的飞跃。

尽管我们中的许多人已经很难理解,但在那个艰苦奋斗的年代,我们的父辈,他们不为人知地战斗过,燃烧过,热爱过……

亲子时光

家长
学生

课上交流

1. 作为 21 世纪的少年,你想对老一辈科学家说些什么?
2. 说说电影中让你印象最深的场景。

我的九月

——成长,在金色的九月

电影放映厅

电影《我的九月》以 1990 年全国人民喜迎北京亚运会为背景,讲述了北京大榆树小学的学生们参加亚运会大型武术团体操表演的故事。四年级小学生安建军生性懦弱,演练团体操时因动作迟缓、不规范被刷下来,但他坚持锻炼,在班主任高老师的帮助下终于克服自身弱点,积极争取替补名额,最终正式参加了亚运会开幕式团体操表演。

暑假最后一天训练结束,同学们一哄而散,有个同学拍了安建军的头一下就跑开了,体育老师把他叫过去问:"人家打你,你怎么不还手啊?"安建军憨笑着说:"打一下就打一下吧,还能老打啊。"

放学回家,同住一个院子里的孩子也不拿安建军当回事。雷震山抢了小娟的武侠小说扔给安建军,小娟过去就推他,"有你什么事啊"。没人愿意和自己玩,安建军就带着妹妹去湖边的小公园玩,还带着妹妹练武术操。

9 月 1 日,为了出色地完成团体操的表演任务,学校进行最后一轮严格的筛选以确定表演队员。安建军和雷震山等几个动作不规范的同学被刷了下来,刘庆来也因要去福建看望外公请病假退出了表演队。

生性怯懦的安建军受不了这个打击,哭哭啼啼地回到教室,神情沮丧地坐在空荡荡的教室里。刘庆来和雷震山走进教室,见安建军一个人坐在教室里发呆，不由得哈哈大笑，又嘲讽他一番。刘庆来眨眨眼睛，冒出个鬼点子：他和雷震山来到训练场上，踏着武术训练的音乐节拍，做着各种怪样子，从训练队伍前走过，引得同学们大笑不止，搅乱了同学们的训练，差点受到老师的批评。

放学路上，刘庆来怂恿安建军购买亚运会体育彩票，雷震山和安建军凑钱买了两张彩票，结果中了50元。刘庆来看安建军真中奖了，又劝他把钱捐给亚运会，当时的50元差不多是普通工人小半个月的工资，安建军也不敢自己做主，想回家问问爸爸。雷震山和刘庆来等人你一言我一语，弄得安建军下不来台，捐出钱就走了。旁边的报社记者采访他们几个，安建军支支吾吾说不出话，连姓名也不肯说。伶牙俐齿的刘庆来却自报姓名，说捐给亚运会更有意义。记者问安建军："小同学，你怎么不说话？"安建军依旧笑眯眯地说："他说，就代表了！"结果报纸上刊登了刘庆来捐款的事，学校因此嘉奖了刘庆来。刘庆来心安理得地接受了所有的荣誉，安建军却因此受到同学们的嘲笑，他感到不公平也只能独自生闷气。好在后来雷震山告诉了高老师实情，才让安建军多少有些安慰。

为了捉弄大院里参加武术表演队的小娟，刘庆来出点子想把小娟练功的灯笼裤藏起来，刘庆来与雷震山两个人唆使并逼迫安建军偷来了小娟的灯笼裤。看到小娟寻找灯笼裤着急的样子，刘庆来与雷震山十分开心，而安建军却害怕地躲了起来。当小娟奶奶到处找时，刘庆来刻意拿着灯笼裤告诉小娟奶奶是安建军拿的。被捉弄的安建军有苦说不出，受到大家的谴责和冷落，连妹妹也不愿理他。在偷藏灯笼裤的过程中，安建军受到捉弄又怯于为自己分辩，这场恶作剧让雷震山为安建军鸣不平，他认为把责任全都推给安建军太不仗义。

因为安建军等几个学生被刷下来，高老师到他们家里去家访。面对建军爸爸的抱怨，高老师解释了一番，然后让建军利用这段时间好好复习功课。了解到安建军特殊的家庭情况和他的怯懦性格后，高老师决定帮助他克服缺点，建立自信。"不像老师"的高老师还自起外号与安建军交朋友。为了帮助安建军树立自强自信的勇气和信心，高老师后来还送给他一本书《强人成功之道》，让他学会建立心理暗示，发奋努力，用功学习。在高老师的鼓励下，安建军不再盲目追随刘庆来，开始自立自强，在家用功学习，立志下次考试得 100 分。

当同学们叫他不好听的外号时，他只是自嘲地说："人都说我有傻福气。"雷震山在安建军家里做作业，看到安建军头上缠着"100 分"的布条给自己心理暗示，戏谑地说："安大傻子这学问越做越大了。"安建军立即反击道："以后少叫我安大傻子，我傻吗？我傻吗？"士别三日，安建军的表现让雷震山重新认识了自己的小伙伴。

虽然被学校体操队刷下来，但是安建军还是舍不得练了一年的功夫，依然每天早上带着妹妹去练功，做武术操，还把早餐钱省下来去买彩票，希望能再中一次奖。后来爸爸发现他买的那些彩票，还以为他偷钱买的，差点要打他。知道兄妹俩为省钱买彩票而一直不吃早饭，这让爸爸又生气又心疼。

在离亚运会开幕还差两天半的时候，学校武术操表演队的一名同学扭伤了脚不能参加表演。体育老师火急火燎地来找高老师，希望请假去看外公的刘庆来能顶上。虽然高老师也希望刘庆来能以大局为重，但刘庆来还是拒绝了老师的建议。看到能有机会参加表演，好多同学都争先恐后地想做替补，安建军也想得到这个难得的机会，为此他向高老师请求参加表演。高老师鼓励安建军勇敢地表达自己："一个人连自己的想法都不敢说，是什么？胆小鬼！你会说话，你会表达清楚的。"

安建军终于流畅地向体育老师表达了自己想做替补队员的强烈愿望："我行，我肯定行，我一直练着呢。我保证做到动作准确，节奏准确，不出错。"

看到大家都想参加，体育老师决定现场比武。在与众多同学的竞争中，安建军稳定规范的动作、昂扬奋发的精神征服了所有的竞争对手，连刘庆来都认为"简直邪了"。比赛获胜，安建军终于自豪地挺起胸膛，重新加入团体操表演的队列中。

在安建军即将乘车去参加开幕式之际，刘庆来塞给安建军妹妹一瓶冰镇汽水让她递给哥哥。没有正式道歉，没有你赢我输，随着安建军妹妹脆亮的一声"哥,庆来给你的,冰镇的,倍儿凉",观众心里多多少少对刘庆来的不满慢慢消融了。我们这才明白过来,小学生之间的友谊、别扭、伤害和原谅,终究是那么单纯,那么温情。一个远远望去的眼神,一瓶示好的饮料,和解和祝福都融入成长的岁月中。

亚运会开幕式上,在大型武术团体操的表演队列中,安建军的身影融入了千百个少年儿童矫健的身影中。在令人难忘的九月,安建军终于战胜自己,勇敢地迈出了成功的第一步;无法参加表演的挫折也让一直顺风顺水的刘庆来有了对生活更深层的感悟。

亲子时光

家长
学生

 课上交流

1. 如果碰到的不是高老师,安建军的生活会是什么样子?
2. 身体缺钙容易骨折,精神缺钙就会怯懦而不自信。请大家说说如何才能做到精神不缺钙呢?

我和我的祖国之一

——无数平凡的个人，成就伟大的祖国

电影放映厅

前 夜

1949年9月15日，为保证开国大典电动升旗顺利进行，工程师林治远按照三分之一的比例重做了一个缩小版的升旗装置，反复进行试验。28年革命，2000万人牺牲换来的盛世华夏，开国大典的升旗仪式，林治远无论如何也要保证万无一失。为了保证升旗时不会断电，他们找来两台发电机备用，即使有两台发电机，林治远的心里也犯嘀咕。

9月30日下午，典礼负责人做最后一次工作排查，林治远坦言，不敢保证电动升旗装置万无一失。离开国大典升旗还剩14个小时，此时，最后一次电动升旗测试还没有来得及做。

下午4点10分，为保证顺利完成任务，上级调来了"四野"最有经验的保卫干事老杜协助林治远进行升旗准备工作。同时，开国大典举行升旗仪式时，林治远站在毛主席身后负责协助工作，确保毛主席顺利启动电动升旗装置。

借来的录音机转速不稳，每次播放国歌的时长都不一样，林治远没法进行升旗速度测试。老杜到军乐队找来替补小号手、北京大学西语系的大学生现场演奏国歌，46秒，分毫不差。

零点,在最后一次试验场升旗测试时,试验用的红旗顺利升到旗杆顶部,但旗杆顶部的阻断球坏了。天安门的旗杆阻断球与试验旗杆用的阻断球材质一样,也可能发生意外。凌晨三点,离最后一次正式演练只有三个小时了,老杜找到"四野"的老首长派了一个营的士兵满北京找铸造合金阻断球的锡镍铬。不一会儿,听到消息的人们纷纷拿着自己的各种宝贝来到广场,有人拿来了自己的收音机,有人拿来自己的首饰,有人拿来自己孩子的长命锁,甚至还有祖传的金条。为了开国大典,人人都踊跃地捐出自己珍藏的宝贝,清华大学化学系教授带来了自己实验室最后一块含铬矿石样本。

林治远正带着他的助手铸造合金阻断球,此刻天安门广场传来消息,广场上的"红旗"也卷到了旗杆里面了,情况紧急,唯一的办法就是立刻爬上旗杆,用焊接的方式换上刚铸造好的阻断球。虽然林治远有恐高症,但测试组只有他会焊接,没有犹豫,林治远带上焊枪就赶去了天安门广场。

凌晨五点多,在摇摇晃晃的旗杆顶上,恐高的林治远有条不紊地焊好了新的阻断球。

10月1日下午三点,开国大典上毛主席按下了升旗按钮,中华人民共和国第一面五星红旗稳稳升起,迎风招展。

相 遇

中国第一颗原子弹研发工程是在绝对保密的情况下开展研发工作的。三年来,参加核心实验的科研人员和部队官兵便从人们的视野中消失了。

在一次原子弹测试时,试验失败面临核泄漏的危险,年轻的科学家高远冒着核辐射的危险拉下了试验制动装置,此时实验室里的陈指挥等人还不知道他的名字。

1964年10月,陈指挥亲自到北京的军队医院看望高远,趁没有人的时候悄悄告诉他,"这两天街上可能会有一些响动",嘱咐他留心听一下。

陈指挥走后,高远每天都跟医院的护士打听街上有什么消息,也在翻看报纸时,时刻留心上面的新闻。

打听不到自己想要的消息,身体状况好转一些后,高远就自己戴着口罩坐公交车出去看看到底有什么动静。坐在公交车上,未婚妻方敏意外发现了他。尽管高远扭过头去,方敏还是不停地告诉他,三年来她无时无刻不在担心。她到高远的单位去找,单位说没有高远这个人,去派出所没人理她,贴寻人启事也不行,更不知道他父母住在哪里。因为以前高远每次送她都坐这路车回去,三年来她只要从这条路走就一定坐这路公交车。

方敏一路上跟高远讲着和他约会的细节。第一次见面,高远没话说就和方敏一起看了一小时的书。第二次在北海公园见面,高远竟然跳进湖里把正在训练的少年宫游泳队员救了上来。后来方敏生病发高烧,为了给方敏退烧,高远竟然蹬着自行车跑几十里路到郊区买过季的大西瓜,累得腰都弯了。自此高远成了方敏认定的爱人,"我相信他肯定能回来,就像那天他抱着西瓜,一身汗,喘着粗气冲我笑,我就是相信"。

高远正要摘下口罩,忽然公交车停下了,远处红旗招展、锣鼓喧天,"我国第一颗原子弹爆炸成功了!"终于等到了这个好消息,高远不顾身体虚弱走下车。在如潮的人流中,他捡起地上的《人民日报》,看着红色的喜报,悄悄地把这张见证历史时刻的报纸收藏了起来。方敏被兴奋的人潮挤到远处,高远自始至终没说一个字,遥望着方敏,他的眼里全都是思念。

原子弹爆炸时的蘑菇云就像一个巨大的拳头,成为中国走向世界强国的重要标志。

方敏家里,电视机播出了庆祝原子弹爆炸的消息,"在向国防现代化进军的征途上,成千上万的奉献者们隐姓埋名,美好的青春铸成了大漠丰碑"。旁边的书桌上放着那本他们约会时她带的书《青春万岁》,书下是一摞一摞的公交车票。

夺　冠

　　小美是东东最要好的朋友,他们两个都是乒乓球队的队员。小美要和爸妈去国外定居,订好了当晚的机票。

　　正好那天下午中国女排与美国女排争夺第23届奥运会冠军,电视台会直播这场比赛。胡同里只有东东家有电视机,街坊大爷让东东把家里的电视机搬到胡同里,大家一起看女排决赛。

　　东东回到家急忙找礼物要去送给小美。东东的爸爸是八级电工,没来得及吃饭就急匆匆出门了,让东东自己在家吃饭。

　　东东带着礼物来到小美家,正好碰上小美的妈妈,因不好意思守着小美的妈妈把礼物交给小美,东东请小美妈妈转告小美,下午去他家里看女排比赛。东东急急忙忙地回到家,把电视机从家里挪出来,爬到房顶上去接好天线。满胡同的大人小孩都坐在小小的黑白电视机前,喝着茶水,吃着瓜,时而紧张、时而放松地看着女排比赛。

　　刚要去找小美,电视信号又没了,东东只好爬到屋顶上去扶好天线。东东一心想着给小美送礼物,看到旁边邻居晒的腊肉,灵机一动把腊肉拴在了天线上,自己则趁机下去找小美。没想到邻居的小黄狗爬到屋顶上叼走了腊肉,东东只好再一次爬到屋顶上去扶天线。

　　小美来到楼上找东东,在屋顶上扶着天线的东东让小美去楼下等着。眼看着小美妈妈拉着她越走越远,东东一狠心,放下电视天线就下楼去追小美。

　　看着走远的小美,听着邻居们一声接一声"中国队加油"的喊声,东东流着泪,满心不舍地一跺脚,再一次爬上楼顶,扶着天线,让邻居们看完了决赛。

　　不顾妈妈的不满,小美再一次挣脱妈妈的手,跑回来把自己的乒乓球拍留给了东东。

　　3：0,中国队战胜美国队获得奥运会冠军,在"中国队万岁"的喊声中,街坊邻居们把东东一次次地托了起来。

　　抱着回来的爸爸,"我们家的电视天线太烂了,"东东哭喊着,"不,女排三连冠,我太激动了。"

在中华人民共和国成立 70 周年之际,电影选取了开国大典、第一颗原子弹爆炸和女排三连冠等几个激动人心的历史时刻为祖国献礼,一个个荣耀时刻记录的正是我们的祖国怎样一步一步从弱到强,从苦难走向辉煌。

电影中记录了见证这些伟大时刻的普通百姓,以及他们与共和国息息相关的故事,正是千千万万个普通百姓,用智慧和双手建设了这个伟大的国家。

现在,轮到我们出场了。一起加油吧,希望下一个十年、二十年……我们不仅是伟大中国走向复兴的见证者,更是伟大时代的建设者。

亲子时光

家长
学生

 课上交流

1. 从新中国的第一根适配电动升旗的旗杆,到中华人民共和国成立 70 周年,蛟龙号潜海,神舟飞船升天,勤劳智慧的中国人用双手建设着令人自豪的祖国。请和同学们一起探讨和畅想祖国的未来吧。

2. 三个电影片段中,你最喜欢哪个片段,和同学们交流一下你的想法吧。

山水情

——山水中国，情深意长

电影放映厅

《山水情》是我国在国际上获奖最多的水墨动画片，也被公认为中国水墨动画片的绝唱。影片仿佛是用一幅幅绝美的水墨画拼接而成，每一幅画面的细节和内容都符合整部影片的意境。影片中悠扬的管弦配乐，更是清新淡雅，让人心旷神怡，心向往之。

大雾弥漫，老琴师一袭白衣，怀抱着古琴来到渡口。一个少年撑着小船缓缓划过来，把老琴师送过河去。

少年一边撑船，一边吹着竹笛，笛声婉转，令老琴师也陶醉其中。老琴师上岸后，一阵晕眩，跌倒在路上，怀中的古琴也摔到一旁。少年看到后急忙把老琴师扶回家中照料。老琴师醒来，先找到自己的古琴。忽然他听到门外传来少年的竹笛声，老琴师放好古琴，和着少年的竹笛声，弹奏起来。

听到琴声，少年走进屋内，端坐在老琴师旁边，安静地听着老琴师弹琴。一曲终了，少年学着老琴师的指法试着弹了几下。看到少年本性善良，天资聪颖又喜欢学琴，老琴师住了下来，开始教少年弹奏古琴，把毕生所学倾囊相授。寒冷的冬天，屋外白雪皑皑，屋内点一盆火炭依然寒冷，少年搓搓冰冷的手，继续苦练。

冬去春来，在师父的悉心指导下，少年的琴艺大有长进。一日，师父在河边钓鱼，少年在河边练琴。少年的技艺虽然日趋成熟，但琴声中却缺少对自然、对人生的感悟和理解，师父知道少年再在家中练下去很难更进一步。

　　看着远处的苍鹰在天空中自由展翅飞翔，师父豁然开朗，"师父引进门，修行在个人"，只有见过高山流水，才能弹出乐山乐水。于是师父带着少年游历名山大川，领略山高水长，经历人生百态。

　　少年撑着小船载着师父顺水而下，穿越激流险滩，登上人迹罕至的高山峻岭，听着清脆鸟鸣，看着猿猴自由穿越山林树梢，欣赏激流飞瀑，雷霆万钧，一泻千里。少年逐渐褪去青涩，胸中自有沟壑万千。

　　看到少年琴艺渐精，就像教雏鹰学飞的苍鹰一样，师父纵然千般不舍，依然决意把自己的古琴送给少年，欣然离去。看到师父把古琴送给自己，少年非常惊异，先是坚决不受，最后跪拜师父，接过古琴。师父很快消失在茂密的山林中，归隐于青山白云。

　　看着师父渐渐远去，少年快步爬上一个小山头，放平古琴，为师父弹奏一曲送别，琴声舒缓悠扬。

　　听到琴声，在山中越走越远的师父略略站定，最后一次欣赏着弟子的琴声。少年一边弹琴，心中不断闪过师父带着自己走过的青山秀水，看过的春夏秋冬。

　　仁者乐山，智者乐水，山水已经成为中国文化乃至中国文人生活中不可或缺的一部分。《山水情》中的水墨山水以天人合一的旷世美感向世界呈现出了独立、高雅、飘逸的中国气度，令人叹为观止。

亲子时光

家长
学生

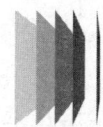 课上交流

1. 少年学成之后，老琴师为什么把自己珍爱的古琴交给少年，然后毅然转身离去？

2. 在观影的过程中，小时候背过的很多古诗文都一下子涌现在脑海里，你能想到哪些表达如此意境的诗句，和同学们讨论一下吧。

摔跤吧！爸爸

——只有足够强大，才有能力谈自由

电影放映厅

马哈维亚曾经是一位优秀的摔跤选手，由于家境贫寒又没有政府的资金支持，夺得全国冠军后不久他就退役参加工作了。虽然不再参加比赛，但是出于对摔跤运动的热爱和"想要为国家争取一枚金牌"的梦想，马哈维亚还是希望将来能训练儿子完成自己的心愿。然而天不遂人愿，用了各种生男孩的秘方，妻子却连生四个女孩。马哈维亚逐渐变得心灰意冷，把满墙的奖牌和证书收起来放到了一边。

一天，马哈维亚下班后发现村子里的人来到自己家讨要说法，竟然是自己的大女儿和小女儿将同龄的男孩打得满身污泥、鼻青脸肿。马哈维亚替孩子们道歉以后，惊喜地想到完全可以培养女儿们来实现自己的梦想。

他的计划遭到了妻子的坚决反对。

妻子问："村里人会怎么说呢？"他说："不用管他们。"

妻子说："那要是她们受了伤怎么办？"他说："那就治好她们。"

妻子又问："以后谁会娶我们的女儿呢？"他说："我把她们培养出色，她们就有权选择自己的丈夫。"

村子里正规的摔跤训练场不允许姐妹俩使用，马哈维亚就在自己家的稻田里搭建了一个简易的沙土摔跤场，日复一日地带着女儿刻苦练习。

在马哈维亚的训练下，大女儿吉塔很快成长为一位出色的摔跤选手。为了让女儿在真正的摔跤比赛中得到认可，马哈维亚带着姐妹俩来到摔跤竞技场要求参赛。

听说一个女孩子要参加摔跤比赛，看热闹的男人一下子挤满了摔跤场。面对摔跤场里的四个摔跤手，吉塔毫不犹豫地选择了最强悍的对手。在摔跤的过程中，吉塔一次次主动进攻，虽然最后输掉了比赛，她却赢得了所有人的尊重，"这个女孩真厉害"。

从此之后，吉塔在摔跤场上所向披靡，赢得了一个又一个胜利。她的妹妹也逐渐成长起来，十里八乡都在传颂她们俩的故事："很厉害的两个女孩子，打败了好多强壮的男人！"

为了抽出更多时间陪女儿练习摔跤，参加正规的国家级摔跤比赛，马哈维亚辞掉工作，开始教导吉塔练习室内摔跤，很快吉塔就获得了全国冠军。当吉塔被鲜花和人群簇拥着回到村里时，同龄的已婚女人们投来羡慕的目光。吉塔已经拥有了与村里同龄人完全不同的人生。

获得全国冠军后，吉塔要求离开爸爸到国家运动学院接受训练。在国家运动学院，吉塔在队友的影响下逐步放弃了严格自律的生活习惯，开始染指甲，留起长发，跟同伴看电影，逛街购物……摔跤慢慢变成了工作而不是梦想。

现实很快给了吉塔一记响亮的耳光，在接下来的国际比赛中，吉塔连连失利。她终于意识到自己的错误，在妹妹的鼓励下，吉塔泣不成声地给爸爸打电话："爸爸，对不起。"

吉塔重新找回了自我，她剪掉长发，恢复了严格的训练，全身心投入到摔跤事业中。她的眼中重现了那种顽强拼搏、永不服输、为尊严和荣誉而战的体育精神。

在英联邦女子摔跤比赛场上，吉塔或者进攻，或者防守，一步步闯入了决赛。在决赛中，处于绝境的吉塔最后凭借一记完美摔背动作成功逆袭，赢得世界冠军。

自由是什么，自由就是你可以主动地选择，而不是被动地接受安排。有些人自由选择职业，有些人只能被职业选择。或者能力超群，或者绝技在身,只有足够强大,才能有主动选择权,也才能自由地安排自己的生活。

这部电影改编自真实案例,现实中吉塔的爸爸把四个女儿都培养成了专业的摔跤运动员,她们也都有了选择自己生活方式的权利。

亲子时光

家长
学生

 **课上交流**

1. 你怎么看待爸爸马哈维亚让女儿练摔跤的决定?
2. 在生活中什么样的人才有选择的权利?

可爱的你

——每个人都想碰上一个吕校长

电影放映厅

影片开始,一对上市公司主席夫妇的小孩在一所知名幼儿园上精英班,因为竞争压力太大,孩子被逼得既胆小又紧张。吕校长建议孩子转到普通班,但孩子的父母坚持要求孩子一定要在精英班。

因为不认同幼儿园过分追求经济利益和家长盲目追求精英教育的理念,吕校长感到身心俱疲便辞职回家。后来,她健身时偶然从新闻中了解到元田幼儿园因为学生太少,条件越来越差,老师和校长先后辞职,幼儿园需要聘请一名校长,但仅能支付月薪4500元,还要包揽幼儿园的所有工作,两个月了也没人去应聘。吕校长想利用自己修养身心的时间帮孩子们转到好的幼儿园,便自告奋勇去应聘。

元田幼儿园的五个小朋友来自四个家庭,家庭条件都比较困难,她们来上学的原因就是元田幼儿园不收费。嘉嘉父亲因工作意外截肢,面对无良奸商的逼迁,夫妻二人经常吵架。珠珠父母双亡,由姨妈抚养,姨妈因生活所迫对小孩显得有些冷漠和不耐烦。小雪父亲何伯年迈体弱,靠捡废品维生,孩子非常懂事,小小年纪就帮爸爸做饭,放学帮忙卖废品。印度小姐妹是外籍移民,生活在拥挤杂乱的贫民区,父亲认为女孩子不用读那么多书,正打算让她们弃学。

五个学生的家人因为生活艰难都有自卑感,更让人难过的是,这种不自信已经不经意地传递给了孩子。因为怕人认出来，五个学生每天都戴着口罩去上学。吕校长第一天就开始给予孩子们鼓励，让她们摘下口罩，自信地来上学。

卢嘉嘉不去上学，吕校长问她什么原因，才了解到不是父母不让她去上学，她只是担心父母吵架，才在家里守着爸爸妈妈。嘉嘉的善良和懂事让人心疼。小孩子都有一颗敏感的心，会用自己微弱的力量去守护家人。

吕校长在班上给大家介绍了一个新朋友，叫小黑豆。吕校长说："小黑豆虽然弱小，常被人笑，但它不自卑，它还有梦想。最后梦想成真，小黑豆成了守护森林的大树。小黑豆有梦想，那你们有没有梦想呢？"有的孩子说自己的梦想是做公主，有的孩子说自己的梦想是在酒楼工作，还有孩子说自己没想好。这时候，珠珠反问校长："那你有什么梦想？"

后来这个题目也被吕校长留作家庭作业，让学生们回家问问自己的家人，他们的梦想是什么。

谁从小心中没有一个灿烂的梦想，谁一生不想有所坚持，有所成就呢？但世事无常，绝大多数人都难以坚持自己的梦想，向社会一步一步妥协。就像电影中的几个家长，因为生活很不如意，他们不愿说出曾经的梦想，担心别人嗤之以鼻，即使和自己的孩子说起来也是那么小心翼翼。

珠珠问娴姨："你的梦想是什么呀？"娴姨当时在酒楼后厨刷碗，说了一句"我没有梦想"。珠珠说："你一定有，你一定有，你说嘛，你说嘛。"娴姨拗不过她，和珠珠一起坐在后厨的台阶上。"我说了你可千万别大声喊，"珠珠点点头，娴姨眯着眼睛望向天空说，"我想做香港小姐。"

吕校长不仅爱这些孩子，更要让这些孩子学会去爱。最初家长因为生活忙碌没时间陪孩子，孩子也很少能感受到父母的关爱。因为吕校长的出现，他们的孩子发生了变化，孩子们开始变得自信、坚强、勇敢，并慢慢学会去爱。家长被孩子们的变化所感染，更被吕校长的生活态度所感染，开始积极面对生活，尽可能陪孩子一起玩耍。

孩子们一天比一天活泼开朗，她们唱歌跳舞，与家人一起去户外游玩。在公园里,村委会主任很不屑地提醒吕校长,幼儿园如果下一学期招不到五个学生就一定会关闭。同样带学生游玩的特殊学校校长英兰主动跟吕校长聊了起来。吕校长对她说,她很遗憾没能给孩子最好的教育。英兰校长说,最好的教育不在于学校的设施,而是老师的心。吕校长心有所动,也把自己"做个永不放弃的好老师"的梦想纸条贴到了黑板上。从那以后,吕校长就从帮孩子们找幼儿园变成了为幼儿园招生,所有家长也都积极努力地为幼儿园招生做宣传。

招生一次又一次失败。在这个学期的最后一天,吕校长手术出院后去学校参加嘉嘉的毕业典礼。五个小孩合唱《小太阳》,唱完歌之后,嘉嘉说:"校长,我们可以哭了吗?我们因为要表演所以才没有哭。"吕校长对嘉嘉说:"你要尽心读书,继续努力,去实现你自己的梦想。"嘉嘉对老师和家长以及众多的村民说,自己以后会尽力读书,长大以后一定要像吕校长一样去帮助更多的人。

最后吕校长的诚意和付出感动了村民,现在元田幼儿园已经有60多个学生了。

亲子时光

家长
学生

 **课上交流**

1. 吕校长的什么举动改变了五个孩子的爸爸妈妈的看法,使他们能更阳光、更开朗地面对生活?

2. 影片中哪个细节打动了你,和大家交流一下吧。

放牛班的春天

——无爱不教育

电影放映厅

这部电影讲述的是一个关于爱、沟通、尊重和宽恕的故事。

世界著名指挥家皮埃尔·莫昂克结束表演以后即刻赶回法国操办母亲的葬礼。晚上,一位老友冒雨来到他的住处,是他 50 年前在池塘底教养院的朋友佩皮诺。佩皮诺送给他一本封面泛黄的日记,说是马修老师指定要把这本日记交给他。莫昂克看着这本克莱蒙·马修老师留给自己的日记,当时的情景一幕幕浮现在自己的眼前……

当时的池塘底教养院的学生基本上都是普通学校难以管教的学生,没有礼貌,行为粗野,几乎每个孩子都有各种不守规矩的行为,校长制订了"一犯规就处罚"的管理制度,经常对孩子采取关禁闭、取消课外活动、禁止亲友探视等各种惩罚。不仅校长如此,这里的老师们也都认可了这种以惩罚为主的管理方式。这种教育方式让孩子们慢慢失去希望,认同自己就是一名无法改变的坏学生,这让这些孩子变得更加难以管教。第一节课,当新来的马修老师让孩子们写下自己的梦想时,教室出人意料地安静,孩子们都认真地写着。学生们都梦想有个好职业,有的想当消防员,有的想当热气球驾驶员。其实孩子们内心都充满了对未来的渴望,只是从来没有人试着去倾听他们内心真实的想法。

面对校长,马修试图去帮助和保护他的学生,给予孩子们更多关爱和更多期望。他的善良和耐心让孩子们吃惊,因为从来没有一个人对他们如此宽容、善良。

马修老师尽力不和校长正面冲突,却通过各种方式为孩子们争取一些自由的空间。他安排盖赫特去照顾被自己恶作剧误伤的马桑斯大叔,让他将功补过。在莫昂克被关禁闭不能见访客的时候,马修老师还善意地对前来探望的莫昂克的妈妈撒谎,好让她安心。

孩子们在宿舍里拿他开玩笑,编创讽刺他的歌曲,马修老师没有大发雷霆,却想到了可以让孩子们学唱歌曲,用音乐去感化孩子们。马修老师根据孩子们的特长组建了合唱团,从简单的歌曲开始,他用自己创作的乐曲指导孩子们进行练习,试图用音乐和歌声去净化孩子们的灵魂,引导他们积极思考,激起他们对美好生活的渴望和对自我价值的认可。随着时间的推移,孩子们渐渐有了乐观的生活态度、积极的心态和对未来的向往。

孩子们慢慢变得安静了,那些好勇斗狠的习性也随之消逝。在合唱团里,每个孩子都可以找到自己的位置,在歌声中,他们变得安静,从内心散发出天使般的光辉。

马修不断克服困难,一步一步带领合唱团成长。终于有一天,合唱团的名声传到了伯爵夫人耳中。夫人到学校去倾听孩子们的歌声,孩子们纯粹的歌声征服了每个人的心灵。莫昂克也在这次演出中学会了宽容,真正地懂得音乐不是为了炫耀,而是通过音乐与他人交流对生命的感悟。

因为这次演出的巨大成功,校长得到了晋升的机会。趁着校长不在学校,马修与老教员带孩子们到森林玩捉迷藏。学校宿舍意外失火,校长只好马上赶回学校。由于马修把孩子们带出了学校,所以学生无一人伤亡。此次火灾事故导致校长失去了晋升的机会,校长恼羞成怒地辞退了马修,甚至不允许孩子们与他道别。

昏暗的小道上,马修独自一人向学校大门走去,没有一个孩子与他道别,是孩子冷漠无情,还是畏惧校长严厉的制度?正当他心中无限感慨之时,远处传来天籁般的歌声。"空中飞舞的风筝啊,请你别停下",伴随着孩子们的歌声,无数纸飞机缓缓飘下,纸上写的全是孩子们的祝福。顺着纸飞机的方向向上看，一只只小手在依依不舍地挥别。无论是马修还是孩子们都知道，这一挥手便是永别。

日记永远停止在这一天，镜头又回到两个老人，莫昂克问佩皮诺，后来马修到底怎么样了？佩皮诺说："虽然以后他没再写日记，但以后的事我可以全告诉你。"

"二战"孤儿佩皮诺一直认为自己的爸爸还活着，而且会在一个星期六来接他。他生活在臆想中，也会在每个星期六等待爸爸的到来。就在马修被赶走的那天，一直等待父亲来接自己的佩皮诺再三恳求马修带他走，马修本能地拒绝了他，但最终还是答应了。这一天，正是星期六，佩皮诺的等待最终迎来了圆满的结局。马修走后，池塘底教养院的夏贝尔、朗格路瓦和马桑斯大叔联合起来揭发了校长滥用体罚的管教行径。校长被开除了，孩子们也各奔东西。马修离开教养院后继续给别人上音乐课，他给了佩皮诺父爱般的温暖，平凡地终老。

亲子时光

家长
学生

 **课上交流**

1. 如果没有遇到马修老师，莫昂克会成为一个著名指挥家吗？逆境中，人应该如何去把握自己的命运，发挥自己的天赋？

2. 音乐在人的成长中有什么作用，说说你的看法吧。

面对生命

——神圣的生命托付

电影放映厅

近年来,医患矛盾成为一个热点话题。电影《面对生命》以医患矛盾为切入点,塑造了以丁易水、许凌为代表的志愿献身医学、恪守医德、不计名利的医生形象,情节感人至深。

丁易水,新光医院急救中心主任,是医院有名的"一把刀"。三年前因妻子车祸丧生,从此投身于重症监护中心的工作中,以拯救更多的重症患者。他对ICU的工作十分负责,呼机一响,总是立即赶到医院。手术台是他施展才华的战场,病人渐渐平稳的心跳,在他听来就是最美的生命乐章。对于重症监护中心的同事,他要求严格,绝不容许有一丝一毫的马虎。他可以容忍同事对他的嘲讽,可一上手术台,他绝不容许"拿病人的生命来交学费"。

在他看来,所有的病人不分尊卑,一律平等,位高权重的领导与死刑犯只有病情轻重的差别。他恪守道德底线,从医十几年来,从未收取过病人家属的红包,尽管一个月手术津贴仅有200余元。在许多同事纷纷"跳槽"的情况下,他依然坚守在自己的工作岗位。

丁易水工作严谨,看问题只从医学的角度出发。对于那个晚期癌症病人,他经过仔细分析,认为动手术只会促使癌细胞扩散,增加病人的痛苦,降低病人的抵抗力,因此他决定放弃医院给病人安排的手术。虽然同事和领导再三劝说，但他仍然坚持了自己的看法，导致病人家属强烈不满，他也被告上法庭。

　　一次偶然的机会，丁易水被推到舆论的风口浪尖上。急救中心收治了一位叫王一鸣的急性胰腺炎患者，因为一时交不起数额庞大的住院费，险些被医院拒之门外。丁易水与许凌对王一鸣的治疗方案发生了分歧，倔强的许凌拿出自己的四万块钱积蓄，准备先给病人垫上，而丁易水却劝其不要感情用事，因为他明白，医院不可能承担根治胰腺炎的巨额费用。

　　后来，当地报纸报道了王一鸣的事情，引起社会舆论的关注，人们纷纷为王一鸣捐款。新光医院的领导意识到这是一个提高医院声誉的好机会，于是把王一鸣安排到高档病房，准备接受医院最好的治疗。

　　由于最初的保守治疗耽误了最佳的手术时间，此时再进行手术，风险明显增加，对王一鸣的治疗陷入了进退两难的境地。在院部会诊会上，不顾大多数专家支持手术的意见，医院领导和丁易水选择了风险更小、保险系数更高的以药物为主的保守疗法。对此，普教授一针见血地指出："这已经不是医学，而是政治了。"普教授的话使丁易水若有所思，而许凌的话则深深地刺激了原想逃避这次手术的丁易水："丁主任，是不是王一鸣死于保守疗法，责任就会很模糊，而一旦他死在手术台上，主治医生的名誉多少会受点影响，是这样吗？""万一贻误了时机，就可以躲到集体的背后不受良心的谴责，是吗？"一声声锐利的责问深深地扎在丁易水的心上，促使他下定决心为王一鸣动手术，许凌主动提出担任第一助手。

　　手术台上，当大汗淋漓、疲惫至极的丁易水无力完成手术时，许凌果断地接过了手术刀，小心地把坏死的病灶剥离下来，将手术进行到底，从而完成了她人生中第一次大的历练。手术完成之后，兴奋的许凌用手上的鲜血在窗玻璃上轻轻地绘制了一个鲜红的"十"字……

　　站在被告席上，丁易水还无法从老岳父重病的悲伤和自责中摆脱出来，他真诚地对法庭剖白了作为一名医生隐秘的内心世界。患者和医生之间体现了一种神圣的生命托付关系，丁易水认为面对患者托付给自己的宝贵的生命，"我们做医生的就是有一千条可以开脱的理由，也没有一条可以成立"。他坦诚地恳求大家:"如果我们做得不够好,我请你们原谅,但无论如何,请你们千万不要放弃对我们医生的希望,请你们再多给我们一些机会,让我们做得好些,再好些。"在贾女士转交给他的那份病人的遗嘱面前,他终于忍不住流下泪来:"我真想知道从什么时候开始,我们白衣天使在病人的眼里变得不再洁白了呢?"悲怆的声音回响在法庭上,震撼着每一个人,催人深思。

在彼此相助的工作之中,许凌渐渐走近了丁易水。他们不受外界的诱惑和干扰,忠诚于共同的理想信念,不为名来,不为利往,救死扶伤,竭诚待人。当患者强健的心跳敲响他们的耳膜时,他们感受着生命的美丽和纯洁。在救治患者生命的工作中,他们赢得了尊重,收获了爱情,完成了人生情感的升华。

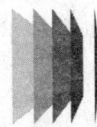

亲子时光

家长
学生

课上交流

1. 什么样的医生才是好医生?
2. 如果每个医生在给病人治疗的过程中先想到保护自己,会产生什么后果?

海豚湾

——我们拥有的只是能力，不是权利

电影放映厅

欧贝瑞原本是一名优秀的海豚驯养员，1962年，他捕捉了5只海豚进行训练，然后带着他训练的海豚参与拍摄了电视剧《海豚的故事》。1964年，这部以海豚为主角的电视剧在美国热映并迅速引起轰动，让欧贝瑞名利双收。由于海豚的形象非常受人欢迎，全世界迅速掀起建设海豚馆的热潮。

然而，这却是海豚噩梦的开始。欧贝瑞渐渐发现，在水族馆中的海豚逐渐失去自然的活力。直到有一天，他最喜欢的海豚凯茜选择了自杀。面对《海豚湾》摄制组的镜头，欧贝瑞沉痛地回忆道："她就在我臂弯里自杀了。海豚和其他鲸类一样，它们的每一次呼吸都是有意识的。所以，当生命变得不可承受，它们就会结束自己的生命，只需不再吸入下一口空气……她就是这么做的，她游进我的臂弯，直视着我的双眼，吸了一口气……就再没有吸第二口。我放开她，她就那样腹部朝天，沉到了池底……"

凯茜在欧贝瑞的怀里忧郁地自杀，这让他第一次被深深地震撼，他终于明白海豚嘴角的微笑曲线其实是世界上最大的伪装，人们以为它们很开心，但它们其实活得非常痛苦。海豚对声音非常敏感，当它们在海洋世界、水族馆等人工环境中表演时，表演的巨大压力和音乐声、观众的欢呼声等各种嘈杂的声音使海豚患上胃溃疡、肠炎等各种疾病，它们不得不依靠抗酸剂和胃泰美等药物来维持生命,继续为人类表演。在被捕获以后的 90 天里,一半以上的海豚因为离开大海无法适应而死亡。海豚自然寿命一般为 45 年左右,但半数被捕获的表演海豚却在 2 年内死去,在水族馆中表演的海豚平均生存年限仅为 5 年。

此后,欧贝瑞开始了他一生的赎罪行动——"我花了 10 年建立起来一项事业,要用 35 年去结束它。"

2009 年拍摄的纪录片《海豚湾》以欧贝瑞的自我灵魂救赎作为贯穿全片的主线,一步步揭露了发生在位于日本太地町一个小海湾里的针对海豚的交易和屠杀。《海豚湾》也许不能算是一部严格意义上的客观公正的纪录片,而更像是一部带有动物保护倾向的纪录片。在欧贝瑞他们看来,只有揭露日本屠杀海豚的真相,让太地町海豚湾的真相暴露在全世界人民的面前,才能挽救那些海豚的生命。

欧贝瑞邀请顶尖摄影师路易·皮斯霍斯、好莱坞电影道具高手、社会活动家和自由潜水员等组成强大的精英制作团队,他们化装进入日本太地町海湾,历经各种困难完成拍摄,将当地居民大量屠杀海豚的秘密公之于世。

影片中,欧贝瑞一行人冒着极大风险拯救海豚的行为,让人看到动物保护者们的良心。即便欧贝瑞对日本渔民和政府官员咄咄逼人的态度显得固执而有些偏激,我们也很难去指责他。影片最后,欧贝瑞把显示器挂在胸前,独身一人站在东京街头向经过的路人播放太地町海豚被屠杀的镜头,在那一刻他仿佛就是一个堂吉诃德似的巨人。

在欧贝瑞一行人偷拍的影像中我们可以看到,惊慌失措的海豚奋力地想逃脱渔民敲打铁棍制造的声墙,它们在死亡边缘挣扎,海水迅速变成了血红色,而被圈在一起的小海豚看着自己的父母在不远处被屠杀。一只逃生的小海豚奋力跳过岩石和围猎的渔网,在水面上留下串串血迹后,终于沉了下去……碧蓝的海水全部都被染红了,真实的血腥画面,冲击着每一个关爱动物人士的心灵。

影片结尾处的字幕说道:"迫于压力,太地町政府 2009 年同意只保留 50 条表演用海豚,其余数千条海豚得以生还。"这部纪录片终以最触目惊心的影像证据,使数以千计的海豚免遭屠杀。

海豚不过碰巧成了这部电影的主角,而在人类的贪欲中已经灭绝和日益走向灭绝的生物远不止海豚。但愿更多人能把看电影时在内心产生的震撼转化为更广泛的思考和更广博的怜悯,从自身做起,善待大自然中自由的动物,克制自己的欲望,不因为动物的毛皮、牙齿或者什么奇货可居的东西而残忍地杀害本该自由生活的野生动物。

在数万年的进化过程中,作为广袤的大自然中的一分子,人类拥有了左右自然界中其他生物命运的能力,但这应该仅仅是一种能力,而绝不是权利。

亲子时光

家长
学生

 课上交流

1. 你认为人类应该和自然保持一种什么样的关系,说说自己的观点。

2. 30年或者50年以后,各地的动物园、海洋馆等会发生什么样的变化?

哪吒之魔童降世

——我命由我不由天

电影放映厅

  影片讲述了哪吒为救民于水火之中,牺牲自己,重塑肉身,打败邪恶势力,拯救陈塘关百姓的故事。这个世界,除了自己以外,没有人能决定我们会成为什么样的人。父母的影响可能会跟随我们一生,但正如影片告诉我们的,它并不会决定我们的一生。一个人只有学会遵从内心,对事物做出正确的判断,才能真正长大。就像哪吒那样,勇于承担本不属于自己的责任,才会成为万人敬仰的英雄。

  混元珠由天地灵气孕育而成,善恶不分的混元珠力量越来越大,还把太乙真人和申公豹师兄弟两人打得落花流水。天尊祭下神鼎,收服混元珠并炼化成灵珠和魔丸,存于宝莲中。魔丸元神坚不可摧,天尊下了天劫咒,三年后引天雷下凡摧毁魔丸。陈塘关李靖为人正直,天尊决定让灵珠投胎成为李靖的第三个儿子,取名哪吒。

  李靖府上,心怀叵测的申公豹设计迷昏了太乙真人,趁机偷走灵珠,让魔丸投胎李靖家。听说哪吒是魔丸转世,百姓纷纷请求李靖为民除妖。看着夫人怀中的小哪吒,李靖向众人保证好好教育哪吒,"如若他闯出祸事,我李某人就是豁出性命也会还大家公道"。

  申公豹带着灵珠来到龙宫,龙王把灵珠注入龙蛋,诞下敖丙。龙王让敖丙拜申公豹为师,希望敖丙将来能修炼成仙,跻身天界。

太乙真人带李靖来到虚空门拜见天尊，负责驮载虚空之门的长生云告诉李靖，天劫咒是无解的，天尊也没办法。李靖大失所望，不由自主地双膝一软，跪倒在地。

回到家以后，李靖夫妇和太乙真人商量如何照顾哪吒。太乙真人觉得哪吒的事自己也有责任，愿意收哪吒为徒，把他培养成一个降妖除魔的正义之士。虽然哪吒母亲觉得没有必要，但李靖似有安排，坚持让哪吒跟着太乙真人学习，"不能让吒儿死了都被人当妖怪"。

转眼间，哪吒长大了，他又一次设计骗开结界兽溜出家门，刚出门就被一幅图画吸引住了，走近一看竟然被吸到了画中。原来这是太乙真人的山河社稷图，只有用指点江山笔才能离开此画。哪吒虽然顽劣，却极聪明，太乙真人半年才学会的障眼法，哪吒一会儿就学会了，还无师自通地学会了变化活物的障眼法和变身术。

两年后，本领高强的哪吒在江山社稷图中练习除妖，却多次误伤百姓，自己还不以为然。担心哪吒出来后再误伤百姓，在他学会控制情绪前，李靖命令他跟着师父继续学习，静心养性。没想到哪吒不服从父亲的安排，偷了师父的指点江山笔，悄悄溜了出去。

来到陈塘关，哪吒正好碰上一个上岸偷狗的海怪，于是对海怪大打出手。眼看打不过哪吒，海怪幻化成海水一路狂奔。众人看不到海怪，却看到哪吒一路打破水缸，烧毁民房。疯狂逃窜的海怪掳走了海边玩耍的小女孩，小女孩的哥哥却以为是哪吒抢走了自己的妹妹，大喊着"哪吒抢人了"，跑回村庄叫人。

海怪刚要带着小女孩潜到海里，水面却突然冻结。龙王三太子敖丙从空中飘然而降，一出手就打败海怪并救出了小女孩。哪吒却大为不满，抢过小女孩扔给海怪，要先和敖丙大战一番再收拾海怪。哪吒和敖丙大战之际，海怪一口吞下小女孩。敖丙三步两步靠近海怪，一拳打得海怪吐出了小女孩，但小女孩身上带着海怪口水，抱着小女孩的敖丙瞬间就被石化了。哪吒灵机一动，抢着被石化的敖丙把海怪打得心服口服，海怪被迫交出解药救了敖丙和小女孩。

原本哪吒还想再和敖丙大战一次，没想到敖丙双手作揖向哪吒表示感谢。哪吒一下子手足无措,"小事小事",被救的小姑娘也说着"小哥哥打妖怪",被人信任的感觉如此美好,哪吒开心地邀请敖丙一起踢毽子。从小到大,除了母亲以外,这是第一次有人痛痛快快地和他踢毽子。敖丙送给哪吒一只海螺,答应哪吒只要吹响海螺,就来和他踢毽子,小女孩的哥哥带着村民赶到海滩围攻哪吒,哪吒一时兴起,把众村民打得人仰马翻。危急关头,哪吒父母和太乙真人及时赶到,太乙真人用混天绫把哪吒捆得结结实实,带回了陈塘关。

被重新关起来的哪吒无精打采,不相信村民会来给自己庆生。李靖知道哪吒生辰宴也是自己生命结束之时,他竭尽全力邀请陈塘关百姓来参加哪吒的生日宴,希望能借这个机会还哪吒一个清白,为他留下一个好名声。

敖丙去陈塘关以前,全体龙族扯下自己身上最硬的一片龙鳞,给敖丙做了一副坚不可摧的万龙甲。这件万龙甲既是保护敖丙的宝物,也成为压在敖丙身上的千斤重担。

哪吒正兴高采烈地在家准备出席生辰宴,申公豹偷偷来到李府,告诉了哪吒其真实的身世。得知自己是魔丸转世,哪吒万念俱灰,走出门去。没注意哪吒脸上的表情,太乙真人把乾坤圈、混天绫、火尖枪等宝物都送给了哪吒,太乙真人的坐骑变成了哪吒脚下日行千里的风火轮。

李靖早已准备用自己的生命为儿子铺好未来之路,所以才会在妻子对哪吒说"娘真想看着你长大"时,送给哪吒一个平安符,并告诉他:"你今后的路还很长,别在意别人的看法,你是谁只有你自己说了才算,永远不要放弃。"

哪吒冷笑一声,说:"今后?我还有今后吗?魔丸,天劫,我什么都知道了。你骗我是灵珠,让我在社稷图中修炼,其实就是为了把我关起来,挨到我死为止,好保全你总兵大人的名誉。"哪吒念出咒语,摘下乾坤圈,魔性大发,对着太乙真人和父亲大打出手。

哪吒是自己唯一的朋友,敖丙无论如何也接受不了师父让太乙真人、李靖夫妇和哪吒等四人混战致死的阴谋。哪吒把火尖枪掷向父亲之际,敖丙及时赶到,击飞了哪吒的火尖枪。太乙真人用敖丙带来的乾坤圈镇住了哪吒的魔气，哪吒气不过，脚踩风火轮呼啸而去。

申公豹得意扬扬地告诉太乙真人，就是自己偷换了灵珠，又拿龙族的存亡刺激敖丙。想起龙王的嘱托和身上的万龙甲，敖丙横下一条心，用法术汇聚四海之水结成巨大的冰盖，妄图埋没陈塘关。

哪吒跑到森林中乱打一通，依然怒气冲冲。此刻风火轮变换成了猪的样子，而镜头回放了李靖上天去求元始天尊解除天劫咒的场景。原来，虽然天劫咒无解，却可以用移花接木之法破除。拿着两张换命符，李靖决心用自己的命换哪吒的命，并用剩下的两年时间把哪吒引入正道，得到世人认可。看李靖这么坚决，长生云问哪吒是谁，李靖回答，"他是我儿"。看着手中的换命符，想到父亲为救自己竟然甘遭五雷轰顶，哪吒禁不住泪如雨下。即使自己是魔丸，即使人人都把自己当成妖怪，但父母和老师都付出所有支持自己，从不放弃自己，自己又为什么要顺从于"妖怪"的命运。即使被天雷摧毁，哪吒也要保护陈塘关，做一个盖世的英雄。

敖丙变成一条巨龙伏在冰盖上，劝哪吒放弃抵抗，"别挣扎了，你是魔丸，这是命中注定的"。哪吒无所畏惧，"我命由我不由天，是魔是仙，我自己说了才算"。说完，哪吒变出六臂，奋力往上顶，并用烈火融化了冰盖，拯救了陈塘关。

哪吒掷出混天绫捆住敖丙，拿火尖枪抵着他的眼睛，"你是我唯一的朋友，你走吧"，敖丙无奈地说，"我是妖族，出生那一刻命就定了"。哪吒抓着敖丙的衣领直言相告，"你是谁只有你自己说了才算，这是爹教我的道理。若命运不公，就和它斗到底"。

担心父母阻止自己，哪吒用混天绫捆住父母，当面烧掉了爹给他的换命符。"我自己的命我自己扛，不连累别人"，说完，朝着父母深深一拜。天雷阵阵，在父母撕心裂肺的叫喊声中，哪吒被雷电带到云层。即将被天雷吞噬之际，敖丙赶了过来，用万龙甲护住了哪吒，哪吒大喊："白白搭上一条命，你傻不傻？"敖丙回答："不傻？谁和你做朋友。"

无奈，天雷的力量太过强大，哪吒与敖丙合体也无法对抗。申公豹眼看大势已去，丢下天雷阵中的徒弟敖丙溜之大吉。"不晓得加上我，顶不顶得住"，太乙真人纵身一跃，被天雷轰掉了几百年的道行，用七色宝莲护住了哪吒和敖丙的魂魄。

看着明知自己必死无疑也要奋力保护陈塘关的哪吒魂魄，百姓都跪在了四周，不认命的哪吒终于成了陈塘关的盖世英雄。

长大后的哪吒坚信"我命由我不由天"，申公豹则相信"人心中的成见是一座大山，任你怎么努力都休想搬动"，把得不到天尊重用的原因归结为自己的出身。

也许和太乙真人相对比，更容易看出申公豹功败垂成的根本原因。

太乙真人淳厚善良，宽容乐观。虽然调皮捣蛋的哪吒一再捉弄他，害他中毒，害他被火烧，但他并不生气，反而安慰李靖夫妇"我是神仙伤不了"。哪吒比他更快悟出变身术，他不但不觉得丢面子，还为徒弟"天纵奇才"而暗自窃喜。尽管也有自觉失职而对不起李靖的成分，但他对桀骜不驯的哪吒一直尽心栽培，自己的宝物也都倾囊相授，乾坤圈、火尖枪、混天绫、风火轮，一个接一个地送。眼看哪吒、敖丙二人遭遇天劫危在旦夕，更是不惜损失几百年的道行冲进天雷，保住了他们的魂魄。当他冲进天雷阵的时候，心里想的一定不是如何保住十二金仙的位子。

申公豹可能比太乙真人更加努力，更加勤勉，但他却输在不能正确认识自己。从长远来看，世人是根据一个人的行为而不是出身来认识一个人。申公豹一直放不下自己的出身，这个出身也让他更努力修炼，更渴望得到师父的认同。当他对外界的评价高度敏感时，他选择为了成功不择手段，偷换灵珠，暗算师兄，埋没陈塘关，一系列恶行让他再次堕落为妖。如果自己也看不起自己，如何成就自己？只有内心真正成长起来，不纠结出身，不纠缠过往，毫无芥蒂地接受自己，毫无保留地爱自己，才不会被外界有意无意的评论左右自己的心境。所以我们应单纯地为梦想努力，并且享受努力的快乐。

亲子时光

家长
学生

 课上交流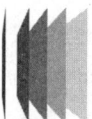

1. 既然是魔丸转世,为什么哪吒最后在被天雷吞噬之际还舍身拯救了陈塘关?说说你的看法。

2. 这部电影中敖丙为何没有超越师父申公豹,为成见所困?说说你的想法。

奇迹的缔造者

——成长，是生命的激荡和灵魂的唤醒

电影放映厅

影片开头，我们看到的是因父母的溺爱而非常任性的女孩海伦·凯勒。一场可怕的疾病夺走了海伦的视力、听力，渐渐地，她变得没规矩、没教养，想干什么就干什么。

海伦家的花园里，工人普斯和他的妹妹正在工作。海伦跌跌撞撞地走到普斯面前，摸摸他的嘴，又摸摸自己的嘴，因为着急不住地咬着自己的手。普斯的妹妹来劝阻海伦，海伦转身把她推倒在地，普斯急得大叫起来。海伦的母亲凯蒂闻声赶来，抱住海伦，夺过她手中的剪刀，给她嘴里塞了一块糖果，海伦才渐渐平静下来。在大家讨论怎么帮助海伦的时候，海伦又把妹妹弄哭了。任性的海伦在房间里不停地乱闯，把家里弄得一团糟。无奈之下，父亲写信给琪索姆医生，但琪索姆医生也无能为力，他向铂金斯盲人学院介绍了海伦的情况，学院安排安妮来做海伦的家庭教师。

安妮老师抱着试试看的态度接受了这份工作。镜头一转，海伦非常喜欢安妮送给她的玩具娃娃，抱着不放手，安妮趁机教给海伦"娃娃"的手语拼写形式，海伦很快学会了。安妮拿走了海伦的娃娃，这让海伦很生气，她拼命拍打着安妮。安妮又递给她一块蛋糕，同时在海伦的手心里拼写"蛋糕"这个词。海伦又学会了这个词。当安妮递给海伦娃娃时，

安妮要海伦先拼写出"娃娃"这个词，海伦拼出了单词。安妮成功地开始了对海伦的启蒙。

正当安妮暗自高兴时，海伦一把推倒安妮，抱着娃娃跌跌撞撞地跑了出去，并把安妮反锁在房间里。中午吃饭时，海伦的父亲才得知安妮被锁在房间里。安妮出来以后，发现海伦偷偷地把钥匙藏在了水井台的木板下面，虽然安妮知道海伦很聪明，但显然她还不知道如何更好地和海伦一起成长。

吃早饭时，海伦围着桌子摸来摸去，不管摸到谁的盘子，随手抓起食物就往嘴里塞。海伦的父母由着海伦任性而为，刚刚到来的安妮却很不满意大家对海伦的放任。她认为，要教好海伦必须先帮助海伦养成良好的生活习惯。于是，她一次又一次地把海伦抱到椅子上，让她拿好勺子吃自己的食物，但海伦根本不在意安妮的教导。安妮与海伦的父母商量，让他们全家都出去，自己一个人教海伦学会如何有礼貌地吃饭。刚开始，海伦仍然由着自己的性子到处乱跑，可是安妮不放弃，折腾了整整一个上午，海伦终于学会了用勺子吃饭。

虽然海伦学会了用勺子吃饭，但安妮不恰当的教学方法严重伤害了海伦的学习热情，海伦一接触安妮就马上离开她。海伦的父亲看到这一幕，认为安妮缺乏足够的同情心，想辞退她。而安妮则认为，对海伦而言，父母的溺爱是她成长路上最大的障碍。她向海伦的父亲提出自己单独和海伦待在一起，才能教好海伦。在安妮的强烈请求以及海伦母亲的劝说下，海伦的父亲终于答应给安妮两周时间，看她能不能教好海伦。

海伦的父母带着海伦在庄园里转了一大圈，才把海伦送到庄园里一个独立的小房子里。尽管失去了父母的庇护，但一开始海伦仍然不接受安妮，爬到床底下不肯出来。安妮只好找来工人普斯，通过教普斯单词来引起海伦的嫉妒。海伦终于爬了出来，并主动让安妮教她单词，安妮也改变了自己的教育理念，和海伦建立了良好的关系。

在之后的时间里，安妮带着海伦到处玩耍，去感受自然，认识自然。无论走到哪里，安妮都用手指在海伦的手心上写字，随时教给海伦接触到的事物的名字。起初，海伦并不明白安妮的用意，只是出于好奇而模仿安妮写字。但海伦非常聪明，没多久她学会用这种办法表达自己的要求了。饿了，她能写"蛋糕"；渴了，她会拼"牛奶"。更重要的是，此时的海伦在餐桌上的表现完全像一个淑女了，正如安妮老师所言，"如果没有勺子，那么她宁愿饿死"。

两周的时间很快过去了，最后一天的下午，海伦的父亲早早就来接海伦，但安妮坚持一定要到下午五点才能把海伦接走。

然而重新回到家的海伦在餐桌上的表现和原来完全一样，甚至更加放肆。海伦一次又一次把餐巾扔在地上，用手抓东西吃，于是安妮不顾海伦家人的反对，强行带着海伦离开了餐桌。在海伦的母亲和哥哥吉米的强烈建议下，在感情和理智之间挣扎的海伦父亲最终决定把海伦交给安妮。

安妮拉着海伦来到压水机旁，自己用力按压水井，让海伦用水罐去接水。当海伦的手触到清凉的井水时，安妮就马上在她的手心上写出"水"的单词。水，水……海伦突然呆住了，手里的玻璃水罐也掉到地上摔得粉碎。这时安妮发现海伦脸上浮现出一种从未有过的兴奋表情，海伦一下子明白了自己一直学不会的这个单词——水，而自己的手正在触摸的这个东西就是水。

对水的理解是海伦学习生涯的转折点，当海伦理解了"水"这个没有具体形状的物体以后，海伦的学习突飞猛进，一日千里。她之前学习过的那些单词一下子有了意义，成为她生活的一部分。对学习的顿悟使海伦一下子从无边的寂静中被唤醒，整个世界仿佛向海伦打开了大门。

影片中，安妮老师说过一句话："如果她的智力没有问题，那么她就一定能够学会。"她坚信海伦可以学会，因此，她大声地对海伦的爸爸说："她是正常的孩子，我从没把她当成残疾人！"这一点也是她能够成功的原因所在。可是，父母也很爱海伦，为什么安妮老师的到来才使海伦的生活发生了翻天覆地的变化呢？究其原因，是安妮对海伦的爱是理性的、长远的，这份爱不是立足于眼前生活的片刻宁静，而是立足于海伦未来的幸福。这才是安妮和海伦最终走向成功的关键所在。

亲子时光

家长
学生

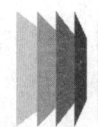 课上交流

1. 与安妮相比，爸爸妈妈更爱海伦，却为什么教不好海伦？
2. 安妮说"任何人活在这个世上都不容易"，你是怎么理解的，说说你的看法。

法官妈妈

——善良是人生的底色

电影放映厅

尚秀云是北京市海淀区人民法院刑二庭的副庭长,曾获"全国十大杰出女法官"称号。长期在少年法庭工作,尚秀云一直寓教育和亲情于审判之中,被少年犯亲切地称为"尚妈妈"。以她的事迹为原型的影片《法官妈妈》感人泪下。

影片中的张帅因入室抢劫被判了三年,进了少管所。他知道父母曾托律师向安慧法官行贿,可他想不明白为什么还是被判刑了。父母离异,后母亲又因病去世,父亲重组的家庭根本没有张帅的立足之地。少管所里的生活让张帅刻骨铭心,他发誓要让收了钱又不办事的安慧付出代价。

刑满释放后的某一天,安慧法官突然发现站在自己家门口的张帅,知道他肯定遇到了难处,于是热情地请他进家,让他洗澡,给他找衣服,还给他做饭。知道张帅的父亲出国了,继母又不肯让他进门,安法官又腾出屋子安排张帅吃住,后来还帮张帅买衣服、找工作。为了让张帅以后能更好地生活,安法官鼓励他边工作边读书。出于对张帅的信任和期望,安法官还将自家的钥匙交到了张帅的手中。为了保护张帅敏感的自尊心,安法官会让女儿说话注意些,让丈夫把电视声音关小些,还会跟侮辱张帅的人据理力争。

安法官在用心关爱着这个特殊孩子的同时,仍在勤勤恳恳地履行着一个法官的职责。她设置的U形法台就像一位母亲怀抱着犯了错的孩子，"教育、感化、挽救"是情与法的完美融合。形形色色的少年犯，让她感到头疼；一个个花季少年锒铛入狱，让她的心情总是很沉重；坚决拒绝那些前来托关系的人，更让她清醒地认识到人民法官的神圣与威严。影片中，张帅对她的误解与报复虽然让她感到十分生气和委屈，但并没有让她灰心。她觉得，张帅知道用法律来保护自己，而不是去杀人放火，这是一大进步，更重要的是自己问心无愧。她继续关爱着张帅，给他过生日，就像一位母亲对自己的儿女一样，无怨无悔地付出。正是这春风化雨般的爱意，慢慢冰释了张帅心里的疑团，萌发了心中良知的种子，让安慧收获了理解与敬爱。

其实，得到安法官关心爱护的人还有很多。胡涛是大山里走出来的孩子，学习勤奋，聪明过人，15岁时以全县第一名的成绩考进了北京的一所全国重点大学。由于来自贫困山区，父母每月只给他寄几十元生活费，看见周围的同学吃穿都很讲究，胡涛十分羡慕，一念之差，他偷了三辆自行车。经过审理，法院对他判了缓刑，但他被逮捕时就已经被大学开除了，如果学校不愿再接收他，他就没有缓刑条件，要被判实刑送进监狱。安法官为了恢复他的学籍，六次去学校沟通。学校被感动了，再次接收犯了错的胡涛，后来他还考上了博士。在胡涛的婚礼上，这名失足青年郑重地将安慧法官介绍给大家，说："这是我的妈妈。"

对于少年犯来说，安慧是一名法官，她坚定地维护着法律的神圣与尊严；对于失足的孩子来说，安慧更像一位妈妈，她一直在用真诚的爱感化和挽救他们。

她是一名公正廉洁的法官，也是一位慈爱宽容的妈妈。

亲子时光

家长	
学生	

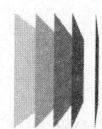 课上交流

1. 张帅为什么要检举安慧法官？
2. 张帅检举了安慧法官，为什么安慧法官反而不那么生气？

狮子王

——永远的辛巴

电影放映厅

《狮子王》可谓是一部常看常新的电影,每次观看都会给观影者带来不同的体验和思考。

伴随着一声低沉有力的嘶吼,大自然迎来了崭新的一天。在广袤的大草原上,许多动物也迎着朝阳活力四射地奔跑追逐。

狒狒在荣耀石上举着刚出生的小狮子辛巴,荣耀王国人声鼎沸,集体祝贺辛巴的出生。狮王木法沙和妻子沙拉碧无限慈爱地看着小狮子辛巴接受万兽的祝福。辛巴的叔叔刀疤因为没有成为荣耀国的国王,心中充满怨恨。

黎明时分,木法沙带着儿子辛巴巡视自己的王国,告诉他"阳光能照到的一切都是我们的国度。一个国王的统治和太阳的起落是相同的,总有一天太阳将会跟我一样慢慢下沉,并且在你当国王的时候一同上升"。木法沙也告诫辛巴,即使身为国王也不能随心所欲,绝对不能去狮子王国之外那些有阴影的地方。

木法沙越是不让辛巴去那些阴影覆盖的地方,辛巴越是对那些地方充满好奇。听说木法沙不让辛巴去北方那个土狼统治的地方,狡猾的刀疤心生诡计,诱惑并告诉辛巴那是神秘的大象墓园。

辛巴带着娜娜偷偷来到阴影之地,沙祖要辛巴带着娜娜赶紧回去,话没说完，饥饿的土狼就把沙祖、辛巴和娜娜团团围住。辛巴和娜娜突出重围，拼命逃窜。沙祖飞回去报信，闻讯而来的木法沙驱离了土狼，带着辛巴和娜娜赶回了荣耀国。

回去的路上，木法沙让沙祖带领娜娜回家，然后警告辛巴一定要保护好自己和朋友，提醒他"勇敢并不表示你要去找麻烦"。

土狼没有杀死辛巴，大失所望的刀疤来到土狼居住的阴影之地，安排他们伺机杀死木法沙和辛巴，助自己夺取王位，成为荣耀国的国王。

刀疤骗辛巴来到山谷，辛巴的吼叫惊了角马群，埋伏在角马群附近的土狼趁机驱赶着成千上万的角马冲进山谷。得到消息的木法沙奋不顾身地冲进角马群救出了辛巴，自己却被角马踏成重伤。在木法沙快要爬上悬崖的时候，狠毒的刀疤一把将木法沙推下了悬崖。看到木法沙重重地摔下悬崖，辛巴以为是自己害死了父亲，内心充满愧疚。刀疤悄悄回到辛巴身边，指责辛巴是罪魁祸首，让辛巴赶紧离开荣耀国。面对土狼的追击，辛巴连滚带爬逃进了仙人掌丛林才避免一死。

丁满和彭彭发现了昏倒在地的辛巴，虽然不知道到底发生了什么可怕的事情，还是劝辛巴把过去抛到脑后，让他学会听天由命，随遇而安。尽管觉着和爸爸教的不一样，辛巴还是在两个朋友的影响下，忘掉了自己的责任，整天吃喝玩乐。

转眼间，辛巴长成了一头威风凛凛的雄狮。吃饱喝足，看着天上的星星，辛巴偶尔也会想起爸爸的教导，然而，他已习惯了四处闲逛的日子。

有一次，饥饿的娜娜一路追杀彭彭，辛巴赶来救下了彭彭。在打斗的过程中，辛巴认出了娜娜。娜娜告诉辛巴，大家都希望辛巴能回去当国王，但辛巴自觉无法面对过去的错误，拒绝了娜娜，还告诉娜娜自己已经接受现实，喜欢过不用承担责任的生活。娜娜失望至极，转身离去。虽然辛巴嘴上强硬，心里却泛起波澜，他无法再假装忘记了过去的一切。

随后赶来的法师拉斐奇点醒了辛巴，"你是木法沙的孩子"，辛巴终于记起了爸爸曾经说过的话："你是我的儿子，也是唯一的国王。要记住自己是谁，一定要回到食物链顶端的位置上。"

辛巴终于决定回到荣耀国，勇于承担自己的责任。丁满和彭彭随后赶来，即使要面对残忍的土狼和狮子，他们也愿意和辛巴并肩作战，"如果这对你很重要，我们会永远支持你"。

影片最后，刀疤一步步把辛巴逼到荣耀石边上，看到辛巴已经快要摔下荣耀石，刀疤得意扬扬地告诉辛巴："告诉你一个小秘密，我杀了木法沙。"听到刀疤才是杀害父亲的凶手，放下包袱的辛巴集聚全身的力量，一跃而起，把刀疤按倒在地，让刀疤告诉大家真相。

因为刀疤毕竟是自己的叔叔，辛巴放走了刀疤，但是狡猾的刀疤却对辛巴痛下杀手。辛巴拼尽全力和刀疤展开决战，最终刀疤坠落悬崖，被围上来的土狼杀死。辛巴从容地走上荣耀石，接受万兽朝拜。阳光再次沐浴这片土地，雨露滋养万物，草原恢复了曾经的生机和活力，辛巴带领荣耀国开始了属于他的新时代。

人的一生又何尝不是如此，每当遇到难以接受的挫折和失败时，或许我们应该从辛巴的成长中获得更多启示，"你无法改变过去，但是你可以为未来做好准备"。

亲子时光

家长
学生

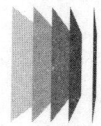 **课上交流**

1.每个人都是带着爱和责任来到这个世界上的,辛巴从无知无畏、逃避现实到最后接受挑战重建荣耀国,你认为哪些因素在辛巴的成长过程中起了重要作用,说说你的看法吧。

2.说说你心目中的木法沙。

首席执行官

——从追赶到超越

电影放映厅

1985年春,青岛电冰箱厂还是一个欠债147万元、发不出工资、濒临倒闭的小工厂。为了引进新的生产线,35岁的新任厂长凌敏第一次踏出国门,前往德国科隆引进利勃公司的生产线。因为资金不足,他只能低价买一条去掉了自动化部件的生产线。尽管如此,德国企业担心中国生产不出合格的电冰箱,不想把生产线卖给他。为了保证青岛电冰箱厂能用他们提供的生产线生产出合格的电冰箱,德国公司提出验厂的要求。面对发达的西方工业,凌敏深切地感受到技术方面的巨大差距。

正当凌敏加紧整顿工厂、迎接德国生产线时,总工程师向华告诉他德国人突然提前了验厂时间。如果验厂不合格,签订的合同就会自行失效,凌敏紧急动员全厂职工连夜加班,清理环境。虽然工厂条件比较差,但凌敏和员工们改变企业落后面貌的志气和努力,感动了前来验厂的德国总工程师海斯,验厂顺利通过了。

面对市场的巨大需求,部分员工对凌敏严格的质量标准不以为意。尽管凌敏坚持对员工进行技术培训,仓库里还是出现了76台不合格品。被激怒的凌敏毅然决定当众将这些冰箱全部砸毁,并让责任人自己动手。凌敏的举动彻底惊醒了质量意识薄弱的车间主任李大茂和工人们,经过几年锲而不舍的努力,1988年海尔冰箱获得了中国电冰箱史上的第一枚国家质量金牌，奠定了海尔冰箱在国内冰箱市场上领头羊的地位。

1992年春，邓小平同志视察深圳，提出要继续发展生产，不断提高人民生活水平。凌敏抓住这一千载难逢的历史机遇，力排众议，果断地制订出多元化发展的战略目标。他用企业积累的全部资金买下了八百亩地，建设海尔工业园。当建设原材料价格疯涨、后续资金无处筹措、银行又不给他贷款时，美国AE公司提出以购买控股权为条件提供资金支持，为了牢牢把握发展自主权和海尔品牌，凌敏顶着巨大的资金压力，毅然放弃了与AE公司的合作。因为看不到未来，凌敏的翻译常立夏离开海尔留在了美国。

正当凌敏被资金所困，陷入绝境时，赵市长被他实业报国的精神所感动，经市委市政府研究决定，把中国证监会下达给青岛的五千万股股票指标全部分配给海尔。1993年底，凭着优秀的业绩，青岛海尔股份有限公司在上海证券交易所成功上市，从而使海尔股份有限公司走出了资金困境的局面。

1995年5月，海尔工业园竣工投产，凌敏提出第二次创业的战略目标。在一年多的时间里，海尔以低成本扩张的方式兼并了国内十八家企业，从白色家电、黑色家电扩展到信息家电领域，企业规模迅速扩大。

随着中国不断对外开放，从衣食住行到汽车、飞机，世界著名品牌快速进入中国。凌敏决定逆势进军国际市场，首先开拓的是最难进入的法国市场。

在凌敏"赛马机制"的激励下，以杨阳为代表的一批有理想的年轻大学生来到海尔，迅速成长为开拓海尔国际市场的生力军。凭着海尔产品的高品质和海尔人对市场的快速反应能力，海尔系列产品赢得了法国著名连锁店老板列欧穆的认可，迅速打开了法国市场。

1999年春，海尔在德国科隆举办海尔产品欧洲专营商授牌仪式，给八名欧洲经销商颁发专营证书，标志着海尔品牌在国际市场崭露头角。当年卖给海尔生产线的利勃公司总裁前来祝贺，他坦言自己对海尔的发展估计不足，说自己为欧洲和世界培养了一个可怕的竞争对手。

面对世界家电巨头AE公司想用反倾销的手段阻止海尔产品进入美

国市场的伎俩，凌敏创新思维：国际化即本土化，要想冲破国际市场的重重壁垒，必须加快在国外建厂的步伐。为了在更高的起点实现新跨越，凌敏把海外建厂的第一个目标选在了经济发达的美国。2000年5月，美国海尔工业园竣工投产。在美国政府采购冰箱的竞标中，美国海尔中了头标。

在美国纽约曼哈顿大街的美国海尔大厦内，AE老板克莱恩与凌敏再次会面。克莱恩对凌敏说："你现在已经是美国的海尔了，美国法律会保护你，但是你的企业毕竟太小，我不能保证，在今后某个时候我们不会吃掉你。"望着克莱恩傲慢离去的背影，凌敏陷入沉思。

在"海尔创业十七周年暨2001年实现全球营业额600亿新闻发布会"上，凌敏对中国加入WTO之后面临外资入侵的严峻形势表示出深深的忧虑。他说："要实现振兴民族工业的强国梦，也许需要几代人的努力。但我相信，只要找到了路，就不怕路远。"

从引进先进的冰箱生产线到产品多元化，从出口产品、开拓国际市场到海外建厂，卓越的领导者总是不断创造新的目标，实现新的跨越。这部影片以海尔集团创始人张瑞敏带领公司创业、奋斗、发展为背景，为观影者展示了海尔集团如何在经济发展大潮中一次次蜕变，不断做大做强。影片情节非常励志，令人心潮澎湃。

亲子时光

家长
学生

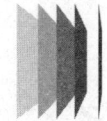 **课上交流**

1. 凌敏为什么要砸掉不合格的冰箱?
2. 海尔集团快速健康发展的关键是什么？请大家交流一下。

离开雷锋的日子

——严厉地鞭挞,深情地呼唤

电影放映厅

乔安山和雷锋同时从鞍钢入伍参军,在部队里是同班同车的战友。影片开头叙述了1962年乔安山与雷锋最后一次出车的情景:雷锋严肃地劝乔安山戒掉吸烟的毛病,把津贴省下来给母亲买药,并毫不留情地把乔安山的烟盒放到车轮下碾过去,同时又拿出红薯片帮助乔安山戒烟。

然而,令人意想不到的是,雷锋在指挥乔安山倒车时,汽车意外撞倒了一根晾衣服的杆子,竟然夺去了雷锋年仅22岁的生命。刚才还在谆谆教诲自己的班长就这么离开了人世,乔安山无法接受这个现实。当雷锋的遗体从抢救室推出来时,他呼喊着,一次又一次地扑向担架车。连长也无法接受这个现实,他竟失去理智命令医生救活雷锋,盛怒之下将乔安山关进禁闭室。乔安山悲痛至极,强烈的负罪感使他的精神近乎发狂,他想到了自杀,他多么想以自己的生命交换雷锋的生命。这终究是一场意外,在部队首长和战友们的关怀下,乔安山逐步摆脱了沉重的精神负担。在军区学雷锋大会上,军区司令员拍着乔安山的肩膀,勉励他"抬起头来,像你们班长那样好好开车,好好做事"。乔安山决心继承雷锋精神,沿着班长的道路走下去。

1978年,乔安山在铁岭客运公司当驾驶员。站长为了让自己的亲戚上车占座,先向乔安山扔过一包烟,继而又说他有评选学雷锋标兵的权利,但乔安山坚持不开后门,忠告站长:"叫你的亲戚排队不丢人!"严词拒绝了站长的要求,并将站长的亲戚赶下了车。气急败坏的站长拒绝给乔安山发调车单,让他的车无法上路。乔安山果断地将车开到中途拉客,为此招致售票员吴娟的埋怨。

行车途中,一个焦急的聋哑人拦住了乔安山的客车,原来是他媳妇难产!乔安山二话没说,立即将汽车开到村口,把产妇接到汽车上,调转车头直奔医院。产妇流血过多急需输血,只有乔安山的血型与产妇一致,他毫不犹豫地挽起袖子为产妇输血。为了素不相识的产妇的生命安全,乔安山献出的不仅是爱心,还有自己的鲜血。

乔安山在给学生做报告时谈了自己学雷锋的感受,"班长有句话'他的困难也等于我的困难',我一想起这句话来,看见别人有困难我就想帮助"。尽管在铁岭没人知道乔安山是雷锋的战友,但乔安山十几年来把雷锋精神作为自己的道德准则,自觉主动帮助别人,切身实践"别人的困难就是自己的困难,这就是雷锋实实在在的精神"。乔安山真切感人的报告教育了偏听偏信的公司经理,也教育了"顺手牵羊"的吴娟。

1988年12月8日,乔安山在出车途中遇到被撞倒在公路旁的梁老汉,只见他满脸鲜血,生命垂危。肇事者已经逃逸,乔安山立即将梁老汉送到医院抢救,并垫付了800元医疗费。

由于肇事者逃逸,梁老汉的子女明知乔安山见义勇为救了父亲,但为了不付医疗费,便诬陷乔安山是肇事者,还进一步讹诈乔安山:"你再付3000块,以后的住院费你还得出。"梁老汉的女儿昧着良心指责乔安山:"你别装委屈,不是你撞的,你干吗送医院?"进而厚颜无耻地要求他把费用都交了。乔安山对此十分痛心:"没想到我救了你们老人一命,你们恩将仇报,给我下绊子!"乔安山没有退缩,严厉斥责梁老汉的子女,有力地反问道:"不是我撞的,我就得见死不救吗?"令乔安山更加痛心的是他所救助的梁老汉竟不为乔安山作证。乔安山愤然正告他:"老哥,人不能没有良心!"面对梁家众口一词的诬陷,乔安山镇定下来,他从容地拿出身份证:"我叫乔安山,是雷锋的战友,如果班长看见你倒在路上,也会救你的。"急于送货的乔安山在交出身份证时正告梁家"这事没完"。

事后,乔安山觉得委屈,心里充满了矛盾。儿子乔兵劝他就不该管这事。"现在都讲怎么赚钱,谁还学雷锋,谁学雷锋谁是傻子!"乔安山不同意儿子愤世嫉俗的观点,他说:"别人不学雷锋,我不能不学……我看见他倒在地上,满脸是血,我不救他,我就不是雷锋班出来的人。"他坚定地认为学雷锋见义勇为没有错,同时他也为某些人为了挣钱道德沦丧而困惑不解。

乔安山又一次来到抚顺雷锋墓地,对着雷锋的墓碑说出心里话:"现在的人咋就只认得钱,咋一点良心也不讲呢?好事难做,做好人更难,班长,这是咋回事呢?"他担心,"照这么整,谁救人谁吃亏,谁救人谁赔钱,这社会道德还不往下出溜吗?"

然而,乔安山并非孤军奋战,当地电台记者就这一事件做了连续报道。在社会舆论的感召下,车祸目击者吴强终于站出来为乔安山作证。电台记者在医院对两家进行现场采访。梁家子女一口咬定乔安山是肇事者,并变本加厉地索取各种费用四万余元,公然宣称:"别谈雷锋,先谈钱,雷锋解决不了咱们的账。"对这些人,乔安山愤然回击:"人的良心怎么能跟狗一样,给块骨头就跟着跑,就为了这么点钱,连雷锋精神都不要了?"

为了从精神上搞垮乔安山,梁老汉的女婿挖空心思打听到雷锋的死因,恶毒攻击乔安山:"雷锋就是你撞死的,同志们,他连雷锋都敢撞,何况我岳父这个区区小民呢?"正当梁老汉的子女扬扬得意时,梁老汉终于道出事实真相,公安机关抓获了真正的肇事者。这时,深深地伤害了乔安山一家的梁家子女竟借口说是误会,跟没事人一般。他们的行径遭到乔安山妻子的严厉斥责,她义正词严地说:"为社会讨个公道,为雷锋精神讨个公道。"之后,乔安山意味深长地给班长点了一首歌——《唱支山歌给党听》。

在这样一个复杂的时代,怎样继承和发扬雷锋精神呢?难道真像乔兵说的那样"鹰飞蓝天,狗走夜道,各走各的道,谁都不管谁"?乔安山在退休前与儿子乔兵给油田运送器材的途中得到了回答。路上遇到抛锚的汽车,乔兵挡住了父亲伸出的援助之手。他建议父亲接受教训,别管闲事,劝父亲说,"社会环境毕竟复杂多了,车匪路霸甚至假装受伤劫车"。当乔安山的车陷进淤泥之后,乔安山向过往的车辆求助,但都索要巨额费用,没有人愿意无偿帮助。正当乔安山十分失望时,一群头戴小红帽的中学生出现了,那是附近职业学校的青年志愿者,一位同学摘下小红帽,指着上面的图案告诉乔安山:"你瞧,这是一只手,代表着援助,这是一只鸽子,代表着和平友爱,在全国各地走到哪儿,只要看到这个符号,有什么困难我们都能帮上忙。"大家一起前拉后推,把车从坑里拉了出来,赵校长还向乔安山汇报了同学们学雷锋的事迹。乔安山望着青年志愿者的猎猎红旗,望着一张张洋溢着青春气息的面庞,激动地说:"你们的行动说明雷锋没死,他还活着。"

这感人的一幕也教育了乔兵,他真诚地请求赵校长送他一顶小红帽,主动加入青年志愿者的队伍中,沿着雷锋的道路走下去。

亲子时光

家长
学生

课上交流

1. 按劳取酬的市场经济与雷锋精神矛盾吗?
2. 你认为在日常生活中应该如何学雷锋,说说自己的观点吧。

叫我第一名

——妥瑞氏症教师，也可以是天使

电影放映厅

在绝大多数人看来，成为一名小学教师是一个再普通不过的梦想。然而对于患有妥瑞氏症的布莱德来说，由于随时都会发出令人难以接受的怪声和不受控制的肌肉抽动，这个梦想几乎永远无法实现。

妥瑞氏症是一种非常罕见的神经系统疾病，至今没有有效的治疗措施。从6岁开始，患有妥瑞氏症的小布莱德就不由自主地发出各种怪声和抽动脑袋，因此经常在公共场合受到别人的白眼，这让他的父母非常尴尬，他的父亲甚至在公开场合大声斥责他。而在学校里，布莱德也因为常常发出怪声被同学欺负。

布莱德的父亲因为无法忍受布莱德的怪声和抽动，和布莱德的母亲离婚并搬了出去。布莱德的母亲带布莱德到处寻医问药，也带着他去参加患有同样病症的互助团体寻求支持。直到后来，她妈妈发现儿子布莱德并不是故意发出怪声和乱动，而是患有妥瑞氏症，令人绝望的是，这种病目前几乎无法根治。布莱德的母亲非常坚强，她不断鼓励布莱德，不要被妥瑞氏症打倒。

换了新学校，布莱德一如既往地忍不住在课堂上发出怪声，一如既往地不被他的老师接受。了解了布莱德的病情以后，梅尔校长为了让大家也能理解布莱德的困境，决定请他出席下午举行的学校音乐会。

一次次发出怪声的布莱德破坏了整场音乐会的气氛,梅尔校长把他请上台,让他在台上向大家说明自己为什么会如此。布莱德小心翼翼地说:"我脑子里的一些东西会强迫我发出怪声。这种病无药可医,但大家都接受,我就不会那么严重了。我希望大家别用异样的眼光看我。"当布莱德走下舞台的时候,同学们掌声四起。理解万岁,校长的智慧和同学们的宽容点燃了他成为一名教师的梦想。

大学毕业后,布莱德追求自己的梦想,一定要做一名小学教师。他一次又一次去各个小学参加面试,一次又一次期待着好消息,然后又一次次希望落空。为了维持生活,布莱德只能去从来都不看好他的父亲的工地当临时工。其实,让布莱德伤心的是,父亲一直不承认现实,不肯接受真正的他。但即使为生活所迫去父亲的建筑工地打工,布莱德也随时准备去应聘,渴望找一个愿意接受自己的学校。布莱德在地图上圈出来自己未去过的学校,关注学校的招聘信息,然后带着地图驾车前往。在被25所学校一一拒绝后,布莱德依然满怀希望地来到山景小学。终于,在一次机智幽默的面试后,布莱德获得了在山景小学任教的机会,带二年级学生开始自己的教师生涯。

开学之前,布莱德把教室布置得温馨舒适,从门到窗台,每个角落都很用心。布莱德还为每个孩子做了贴有他们照片的信息卡片,一张一张整齐排好。

开学了,布莱德兴奋地站在教室门口迎接孩子们到校,门口贴着他亲手绘制的标语"欢迎来到布莱德老师的班级"。第一节课,布莱德让孩子们自由提问。孩子们对新老师的奇特行为充满好奇,甚至有些孩子拿布莱德开玩笑,布莱德老师也只是幽默回应,毫不生气。

天真无邪的孩子们很快就喜欢上了布莱德老师。布莱德说:"因为孩子们的眼光不一样,他们不会觉得你不能做什么,他们会想看看你要做些什么。"

为了让同学们生动地学习地理,布莱德老师特地请来了卡车司机麦辛。虽然布莱德还是不由自主地发出怪声,但布莱德别出心裁的教学方式很快就赢得了所有孩子的接纳。亚曼达的父亲担心布莱德老师教不好自己的孩子，把亚曼达调到了别的班级去学习，但是亚曼达总是偷偷站在门口看布莱德上地理课。学生海瑟患有重病，正是布莱德的关爱让海瑟温馨地度过了生命最后的时光，海瑟去世后，她的母亲坚持邀请布莱德老师去教堂参加告别仪式。也正是在布莱德老师的课上，患有多动症的汤姆斯学会了阅读。布莱德老师的专业、负责为他赢得了"年度优秀新老师"奖。

在颁奖礼上，当主持人问布莱德如何面对妥瑞氏症时，出人意料，他的学生们有礼貌地竞相举手回答，开心快乐又充满对老师的热爱和崇拜。

电影最后，布莱德在领奖台上说："不管发生什么，都不要放弃追寻自己的梦想。"其实，对所有人而言，梦想所在也是热爱所在、成功所在。

亲子时光

家长	
学生	

课上交流

1. 布莱德为什么一定要做小学老师，说说你的看法。
2. 在梦想和现实之间，你更倾向于选择什么，说说你的想法。

我的1919

——弱势中国的外交斗士

电影放映厅

电影《我的1919》生动地展现了1919年中国外交使团在巴黎和会上拒签"凡尔赛和约"的历史事件。第一次世界大战结束后,战胜的协约国一方为了协调各国关系,在巴黎召开和会。战争期间由于中国对协约国的支持,中国以战胜国的身份参加国际会议。中国政府派代表团前往巴黎参加和会,却没有得到战胜国的待遇,日本倚仗国势强盛,企图强行霸占德国在山东的特权,中国代表与之进行了不屈不挠的斗争。

在中国政府的五位代表中,代表团团长陆徵祥为外交总长,王正廷博士为南方军政府代表,顾维钧与其他两位代表同为驻外公使,主要是协助陆徵祥进行谈判。但在巴黎和会波诡云谲的外交斗争中,顾维钧逐步成为事实上的中国政府代表团长和首席谈判代表。参加和会的中国代表团刚到巴黎便遇到一个棘手的事件:日本依仗国力强盛迫使巴黎和会主席团将中国代表团的席位由五个削减为两个,使中国代表团处于十分被动的境地。为此,中国代表团展开了艰难的外交斡旋。在克里蒙梭与陆徵祥谈话时,顾维钧一直站着讲话,借以说明削减中国代表团名额的不合理性,明确指出中国应当得到五个名额。克里蒙梭赞扬了顾维钧的智慧,但在中国代表团名额问题上,这位有着"老虎"之称的法国总理却屈从于日本的压力,只给予中国代表轮流出席会议的资格。为此,有人提议撤出和会以示抗议,顾维钧不同意这种斗争方式,他认为讨论名额问题已无实质意义,而要集中精力准备和会上有关山东问题的交涉内容,初步显示了顾维钧的外交智慧和审时度势、高人一筹的见识。

在山东问题的辩论会上,顾维钧代表中国政府阐明立场。尽管只有一个小时的准备时间,顾维钧还是做了十分精彩的发言,他以无可辩驳的事实和充满激情、富有智慧的演讲驳斥了日本代表牧野男爵的无耻谰言,对山东问题进行了"最卓越的论述"。顾维钧的发言征服了与会代表,轰动了整个巴黎。顾维钧的这次演讲是中国外交史上一次经典性发言,载入中国外交史册。

在巴黎和会纷扰复杂的外交斡旋活动中,顾维钧已成为陆徵祥的得力助手,在日本政府向中国政府施加压力的情况下,陆徵祥宁可辞职也要保住顾维钧的代表资格,凸显了顾维钧在代表团中的重要作用。性格软弱的陆徵祥无法承受来自国内外的压力,尤其是北洋政府一再来电要求他签字时,他选择了逃避,由顾维钧承担起"拒签"的历史使命。

在巴黎和会期间,中国代表团使出浑身解数,也没有讨回公道,列强们拒绝了中国代表团的一切要求。"修改不允,保留不允,声明又不允",中国代表团的外交努力彻底失败了。在最后的签字仪式上,顾维钧出于民族大义,违背政府的意愿,毅然决定拒绝签字。他悲愤地发表了即席演讲,"我很失望,最高会议出卖了中国,"他愤怒地质问列强各国,"你们有什么资格把中国的山东给日本?!""这样一份丧权辱国的条约,谁也不能接受!"顾维钧毅然拒绝签字,昂首走出会场。中国成为唯一没有在和约上签字的战胜国。

在强国制定游戏规则的国际社会中,一个弱国想要讨回正义、维护国家利益几近奢望。但是,顾维钧——一个不屈的外交斗士终于代表中国人民,挺起胸膛,第一次勇敢、理性地向各国列强说"不!"在中国近代史上这是第一次,这一次从顾维钧开始。

亲子时光

家长	
学生	

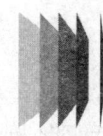 课上交流

1. 弱国无外交，顾维钧在极端困难的情况下，以一己之力为国家争取最大利益。说说你对外交事业的看法。
2. 乔治为什么说顾维钧是一个真正剪掉辫子的中国人？

头脑特工队

——11 岁的蓝色风暴

电影放映厅

　　这是一部关于成长和思维的电影,既活灵活现地展现了我们面对突发事件的情绪变化历程,也形象生动地解释了我们的大脑是如何记忆、如何遗忘的。

　　刚出生的莱莉一睁开双眼就看到满脸笑容的爸爸妈妈,她的大脑中诞生了第一个情绪小人——乐乐,但快乐仅仅待了 33 秒,让莱莉号啕大哭的情绪小人忧忧随即登场。很快,保证莱莉安全的怕怕、保护莱莉不受伤害的厌厌和追求公平的怒怒,五种主要情绪小人依次就位。乐乐是小莱莉的主导情绪,小莱莉的大脑里几乎全是金色的快乐记忆,只偶尔掺杂一两个红色的怒怒,或者蓝色的忧忧。

　　快乐的一天结束,莱莉在爸爸妈妈的晚安吻中进入梦乡。乐乐很自信,"我们爱这个姑娘,她有好朋友和一个温馨的家,一切都那么完美,毕竟莱莉都 11 岁了,能出什么事呢",正当乐乐认为莱莉的生活完美无缺的时候,爸爸卖掉了在明尼苏达的房子,带着莱莉举家搬到了遥远的旧金山。这让乐乐和她的情绪伙伴有些措手不及。

　　新家看上去灰蒙蒙的,房间里还有一只令人恶心的死老鼠。面对来到新家的各种不如意,莱莉头脑中乱作一团,她的情绪记忆第一次被蓝色的忧忧和红色的怒怒占据了。

尽管乐乐绞尽脑汁为莱莉设计了快乐的开学计划,但开学第一天还是出了状况。一上课,老师让莱莉跟大家打个招呼,莱莉想起了自己在老家的同学、自己所在的"土拨鼠"冰球队等,禁不住落下泪来。开学第一天,莱莉有了第一个蓝色的核心记忆。

在阻止忧忧存储蓝色核心记忆的时候,乐乐和忧忧不小心带着五个核心记忆被运送到了大脑的长期记忆区。失去了核心记忆的支持,莱莉的五个个性小岛也都停止了运行。

晚上,莱莉的情绪控制台第一次没有了乐乐的主导,厌厌、怕怕和怒怒都无法让莱莉高兴起来。妈妈悄悄示意爸爸,结果爸爸沉浸在精彩球赛的回忆中,根本不知道妈妈要他做什么。

在妈妈的一再示意下,爸爸心领神会,"莱莉,新学校第一天怎么样",爸爸傻傻的关切让莱莉有些不快,"学校那边挺好的,行了吧",一向乖巧可爱的莱莉第一次显得这么无礼。爸爸有些失控,"莱莉,爸爸可不喜欢你这种态度"。莱莉也不示弱,冲着爸爸大喊大叫:"你们有完没完,让我安静一会儿行吗?"爸爸被莱莉的失控惊得目瞪口呆,"够了,回你的房间去",莱莉怒气冲冲地离开餐桌,转身就走。

莱莉和好朋友麦格视频聊天,听麦格说冰球队来了新队友,她还和新队友配合默契。莱莉生气地关上电脑,大脑中的友谊岛也随之坍塌。

乐乐和忧忧在长期记忆区碰上了莱莉小时候幻想中的玩伴——名叫冰棒的粉色大象。一贯乐于助人的乐乐说要把冰棒带回大脑总部去,让莱莉重新想起冰棒。这让冰棒非常开心,因为莱莉长大后已经很少再和自己想象中的朋友玩了。

在幻想乐园,冰棒惊讶地看到饼干城堡、毛绒玩具名人堂,还有自己的火箭车都被扔到了记忆填埋场,莱莉已经将它们遗忘。冰棒悲伤地坐在了记忆填埋场的悬崖边上,乐乐围着冰棒想尽各种办法逗他开心,但冰棒根本不为所动。这时候忧忧走过去,坐在冰棒身旁说:"抱歉,他们扔了你的火箭车,他们夺走了你心爱的东西,他永远都不在了,对不起。"冰棒哭着说自己是莱莉最好的朋友,抱着忧忧哭了一会儿,冰棒说自己好多了。

乐乐实在不明白为什么自己千方百计劝冰棒开心，都不如忧忧坐在冰棒身边和他抱头哭一次有效。忧忧的陪伴使冰棒感到自己被理解、被接纳，心情慢慢平静下来。而乐乐的一切努力都显得不近人情，极度悲伤的冰棒根本感受不到乐乐的善意。

因为所有的核心记忆都是在老家明尼苏达发生的，所以怒怒自作主张决定让莱莉偷偷回明尼苏达老家去。趁着妈妈打电话的时候，莱莉从妈妈的钱包里偷偷拿出钱来准备离家出走，她的诚实岛接着也坍塌了。

第二天早上，随着莱莉背着书包出门准备回老家，她的长期记忆区逐步坍塌，乐乐和冰棒也掉进了记忆填埋区。乐乐翻看着莱莉的蓝色核心记忆，发现之前莱莉把决胜的一球打偏了，"土拨鼠"队输掉了那场季后赛，让她特别懊恼。这时候爸爸妈妈过来安慰她，队友们也都过来安慰莱莉。乐乐第一次真正发现了忧忧的作用，决定立刻带忧忧回到大脑总部。

唱着莱莉小时候唱的歌曲，乐乐和冰棒坐着小火箭车一次次往上冲。最后一次摔下来的时候，冰棒意识到火箭车无法把两个人都送上去。他鼓励乐乐再试一次，"我有感觉，这回准行"。在火箭车即将飞回长期记忆区的时候，冰棒跳了下去，乐乐终于回到长期记忆区。看着冰棒在记忆填埋区慢慢消失，一向兴致勃勃的乐乐心情也变得非常沉重。

当莱莉坐上长途汽车的时候，她的情绪控制台逐渐变得阴暗，怒怒、怕怕和厌厌都无法操作控制台让莱莉回家。最后，怕怕意识到了一个重要的事情：处于极度忧伤状态的莱莉已经失去感受自己情绪的能力了。

最后时刻，乐乐果断地把控制台交给忧忧，在众人半信半疑的目光中，忧忧上前重新启动了控制台。在汽车即将出发之际，莱莉如梦初醒，及时下车赶回家。她哭着告诉爸爸妈妈："我知道你们不想让我难过，可是，我还是想家，我想明尼苏达了。我知道你们想让我开心，我想要的是我的朋友还有我的冰球队，我就是想回家。请你们别生气。"

乐乐终于把一直珍藏的五颗金色核心记忆球交给了忧忧，快乐的金色变成了象征伤心和失去的蓝色，莱莉跟她无忧无虑的童年彻底告别了。忧忧拉着乐乐一起按动控制台上的按钮，莱莉大脑里诞生了第一颗金蓝双色核心记忆球,这意味着她开始拥有更加复杂的情绪了。

在妈妈的怀里哭了一会儿,莱莉的核心记忆重新启动,家庭岛最先重建,友谊岛也扩建了,还增加了友好辩论区,随后诞生了时尚岛、浪漫岛等更多个性岛。控制台也扩大升级,还增加了青春期按钮,虽然乐乐也不知道这个按钮会有什么用。

活力十足的莱莉重回球场,在赛场上左冲右突,灵活自如,爸爸妈妈还在脸上画上了彩绘在球场边为她喝彩。最后,乐乐又一次开心地说:"我们最近确实经历了很多,但我们仍然爱着这个女孩,她有了很好的新朋友,很好的新家,真是好得不能再好了。毕竟,莱莉现在十二岁了,能出什么事呢?"

成长,是一个经历各种失去的过程。有人经历家庭变故,失去亲人,有人跟着父母搬家,失去原来的朋友,有人突然不再快乐,变得沉默寡言,变得敏感易怒。这好像是个突如其来的过程,我们失去童年,父母失去了无忧无虑的我们。然而失去是成长不可分割的一部分,有时候我们用彻底的遗忘来告别过去,有时候我们用勇敢的探索来丰富人生。

成长,也是一个逐步走向复杂的过程。正如电影所表现的那样,随着我们经历变得丰富,情绪也变得越来越复杂。我们会带着笑哭,也会流着泪笑,我们会隐藏恐惧去迎接挑战,也会强忍烦躁去接受批评。

亲子时光

家长	
学生	

 **课上交流**

  1. 面对悲伤的冰棒，乐乐和忧忧是怎么做的？这对你有什么启发，说说你的感受吧。

  2. 在遇到生活中的突发事件时，莱莉的经历是否对你有所帮助，与同学们交流一下吧。

我和我的祖国之二
—— 无数平凡的个人，成就伟大的祖国

电影放映厅

回 归

国华表行修表师傅华哥修了一辈子手表，知道担任香港警察的妻子莲姐要在 7 月 1 日零点准时换帽徽，特意把自己珍藏多年的手表调校好送给妻子，确保分毫不差。

英方首席谈判代表戴维斯以《中英联合声明》没有规定具体时间为由，坚持英国国旗于 7 月 1 日 0 时 0 分 0 秒降下，但中国政府恢复对香港行使主权交接仪式总指挥安文彬坚持在 0 分 0 秒升起中国国旗，"154 年了，我们不想，也不能再多等一秒了"。

为了保证在 0 分 0 秒升起国旗，安文彬总指挥等人与英国代表总共进行了 16 次正式谈判。英国代表最后让步，答应英国国旗在 6 月 30 日 23 点 59 分 58 秒降落，保证中国国旗准时升起。

安文彬总指挥买了新表，并按照伦敦格林尼治天文台和中国南京紫金山天文台对准时间，为了确保一秒不差，又特地找到华哥调校手表，要求误差在 0.75 秒以内。

现场又出意外。英国查尔斯王子的致辞拖延了 23 秒。安文彬总指挥只好要求在随后的仪式中加快速度，把这 23 秒抢回来。然而英国奏国歌时又突然加速,整个仪式比预期缩短了12秒。在这12秒中,全场一片肃穆,安文彬总指挥站在乐队指挥身边读秒,直到23点59分58秒让乐队指挥准时奏国歌,保证国旗于7月1日0时0分0秒准时在香港上空升起。

154年的分离,我们等得太久了,中国政府对香港恢复行使主权,我们分秒必争,一秒也不能等了。"这一秒对你们来说是结束,对我们来说是开始。"莲姐带领香港警察准时换上中国警徽,英姿飒爽。听到国歌声起,腿脚不便的华哥也起立,看着漫天的烟花礼炮,在心中向国旗致敬。

在香港市民的欢呼声和掌声中,中国驻港部队准点进驻香港。

北京你好

张北京是北京市一名出租车司机,和妻子离婚后,儿子跟着妈妈过。有一天,他特意买了新款运动鞋送给当奥运志愿者的儿子作为生日礼物,结果儿子瞅了一眼就退给他,"小了"。

出租车总公司给了分公司一张奥运会开幕式门票,张北京幸运地抽到了这张门票。兴高采烈的张北京一下子想到这可是送给儿子最好的生日礼物。来到前妻工作的宠物店,张北京先把手机关了,进门就说手机没电联系不上儿子,显摆着说自己给儿子搞到了奥运会开幕式的门票,问前妻这礼物行不行。前妻根本不吃他这一套,拿过他的手机就开了机。小伎俩被揭穿,搞得张北京不尴不尬地说:"来电了,来电了。"

张北京去给儿子送门票,刚把出租车灯换成停运标志,没想到一个四川来的男孩坐进出租车,要去旧鼓楼外大街洪盛宾馆。听说男孩来北京看奥运还没有票,张北京又一次拿出开幕式门票炫耀,吹牛是萨马兰奇送的。门票上印着定价800元,男孩悄悄塞到门票信封里800元,换走了张北京的门票。

来到儿子和同学生日聚会的饭店,故作神秘的张北京打开信封,惊讶地发现门票被换成了800元人民币。

回过神来的张北京立刻开车来到洪盛宾馆,正好发现了那个四川男孩,结果男孩反说是张北京 800 元钱卖给他的。看到张北京要来拿自己手里的票,四川男孩大喊着"抢劫了",转身就跑。张北京一边在后面追,一边喊着"抓小偷"。不明真相的热心群众跟着追过了几条街,结果二人都在扭打中受了轻伤,送到了医院急诊科。

原来男孩的爸爸参与建设了鸟巢,获得过"奥运工程建设优秀农民工"称号,但不幸在汶川地震中去世了。小男孩非要来北京看看鸟巢,亲手摸摸爸爸安装的那些栏杆。张北京听说后,沉默了。

把男孩送回去,看着他快要走进宾馆,张北京按响了喇叭。尽管张北京很不舍,想了想还是把门票送给了男孩,还不忘吹嘘,自己再找萨马兰奇要一张。看着欢天喜地的小男孩,张北京脸上那种善良的笑容更加灿烂了。

2008 年 8 月 8 日晚上开幕式现场,接受采访的小男孩激动地有些前言不搭后语,"鸟巢是我爸爸参加建设的。我特别感谢一个出租车司机,他是个光头,他穿着红鞋子"。

在街头大屏幕前看开幕式的张北京和众人一起倒计时,兴奋地大喊着"北京加油"。

护 航

吕潇然是八一飞行表演队首屈一指的飞行员,一身的本领都是一次次挑战极限训练出来的。

一次飞行测试以后,吕潇然抱着垃圾桶呕吐不止。旁边的男飞行员略带挑衅的口吻说:"女飞行员练到'6'就不错了。""给我来个'7'",吕潇然霸道回应,"等会儿!给我整个'8'。"8 个重力加速度,这基本接近女飞行员的极限了。

2015 年,纪念中国人民抗日战争暨世界反法西斯战争胜利 70 周年阅兵式前夕,毫无心理准备的吕潇然被任命为歼-10 编队备飞飞行员。

吕潇然愤愤不平,流着眼泪找到队长。队长明确告诉她,就因为飞行员她是技术最好的,有能力处理各种意外情况,才被列为备飞飞行员。

知道备飞飞行员的责任更重,吕潇然心有不甘但依然接受安排。虽然驾驶战机飞过天安门是每个飞行员的光荣与梦想,可是责任重于泰山,这其中的分量她是知道的。

在参加阅兵式的飞行过程中,飞行编队8号飞机突然发生意外,显控故障致机身不稳,重启显示器也不能解决故障。队长命令8号飞机立刻脱离编队,9号吕潇然加入编队。面对顺理成章的机会,吕潇然没有立刻执行队长的命令,而是请示队长,可以帮助8号排除故障,继续执行阅兵任务。吕潇然要求8号机飞行员"重启显示器开关,启用DCMPR系统。"两分钟后,8号飞机故障排除,重新加入飞行编队。顺利完成备飞任务,吕潇然驾驶战机飞回基地,打开机舱的那一刻,吕潇然坐在驾驶座上,机场的一众男飞行员列队敬礼,给了她最高的礼遇。

军队从来不是单打独斗的江湖,即使刻苦训练、身怀绝技,也要牢记团队第一、集体优先。每个人只有融入强大的集体中,群体才能变成团队,军队才有摧枯拉朽的力量,中国才有战无不胜的可能。

亲子时光

家长
学生

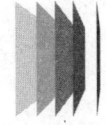 **课上交流**

1. 中华人民共和国成立70周年,中国共产党带领中国人民同心筑梦,共享荣光。无论是一个大的集体,还是小的团队,都需要一面旗帜、一个梦想,说说你们的梦想是什么。

2. 你最喜欢电影中的哪个片段,和同学们交流一下吧。

后 记

在家庭、学校和社会等诸多因素中，家长和班主任是影响孩子成长的两个关键因素，只有家长和班主任价值观相近、教育观念协调一致，并经常沟通交流才能引领孩子形成热爱生活、积极上进的价值观，促进孩子健康成长。

随着社会生活节奏加快和学校事务日益繁忙，绝大多数家长和班主任都很难找出更多时间沟通交流孩子的思想道德状况，即使班主任偶尔和家长沟通，多数情况下也是以交流孩子学习问题为主，不可避免地出现了家庭教育和班级管理都更加重智轻德的现象，不利于孩子健康成长。

德育是智育的前提和归宿，价值观教育又是德育工作的重中之重，也是家庭教育和班级管理的核心。因价值观教育有自身特有的规律，要想做好孩子的价值观教育，除了班主任和家长的价值观相近以外，还要共同为孩子提供成长的榜样、积极的情感体验、讨论交流的载体和相互影响的氛围。从这个角度讲，电影课程就是学校做好家校共育、开展价值观教育的最好载体。

班主任以家庭作业的形式，让家长和孩子利用周末时间一起观看电影。在观看电影的过程中，家长和孩子借讨论电影情节相互交流各自的看法，这样的讨论过程有助于增加家长和孩子间的相互了解，增进情感交流，是家长对孩子情感陪伴的良好媒介。

电影课上，班主任再和全班学生一起讨论电影观后感。全班学生在班主任的带领下，交流各自对电影情节的看法，在讨论过程中，全班学生对很多问题的看法会逐渐达成共识。以上这个过程，也是形成班级共同价值观的过程。一个有着共同价值观的班级才是一个真正有凝聚力的集体，也会成为一个将来让学生念念不忘的温暖的班集体。

多年以后，孩子可能忘记了学过的具体知识，却会记住共同看过的电影和一起争论过的话题。那些或令人感动，或令人激动的情节，都会成为孩子们最美好的回忆。

王志刚
2023 年 3 月 1 日